NOUVEAUX CLASSIQUES LAROUSSE

Collection fondée en 1933 par
FÉLIX GUIRAND

continuée par
LÉON LEJEALLE (1949 à 1968) et **JEAN-POL CAPUT (1969 à 1972)**
Agrégés des Lettres

LE MÉDECIN MALGRÉ LUI

comédie

LE MÉDECIN VOLANT

farce

Librairie Larousse (Canada) limitée, propriétaire pour le Canada des droits d'auteur et des marques de commerce Larousse. — Distributeur exclusif au Canada : les Éditions Françaises Inc., licencié quant aux droits d'auteur et usager inscrit des marques pour le Canada.

SGANARELLE (Georges Wilson) entre JACQUELINE et LUCINDE
Théâtre national populaire.

Phot. Bernand.

MOLIÈRE

LE MÉDECIN MALGRÉ LUI

comédie

LE MÉDECIN VOLANT

farce

avec une Notice biographique, une Notice historique et littéraire,
des Notes explicatives, une Documentation thématique, des Jugements,
un Questionnaire et des Sujets de devoirs,

et *le fabliau* LE VILAIN MIRE,

par
JEAN BOULLÉ
Principal du Lycée d'Orange

LIBRAIRIE LAROUSSE

17, rue du Montparnasse, et boulevard Raspail, 114
Succursale : 58, rue des Écoles (Sorbonne)

RÉSUMÉ CHRONOLOGIQUE
DE LA VIE DE MOLIÈRE
1622-1673

1622 (15 janvier) — Baptême à **Paris**, à l'église Saint-Eustache, de Jean-Baptiste Poquelin, fils aîné du marchand tapissier Jean Poquelin et de Marie Cressé.

1632 (mai) — Mort de Marie Cressé.

1637 — Jean Poquelin assure à son fils Jean-Baptiste la survivance de sa charge de tapissier ordinaire du roi. (Cet office, transmissible par héritage ou par vente, assurait à son possesseur le privilège de fournir et d'entretenir une partie du mobilier royal; Jean Poquelin n'était évidemment pas le seul à posséder une telle charge.)

1639 (?) — Jean-Baptiste termine ses études secondaires au collège de Clermont (aujourd'hui lycée Louis-le-Grand), tenu par les jésuites.

1642 — Il fait ses études de droit à Orléans et obtient sa licence. C'est peut-être à cette époque qu'il subit l'influence du philosophe épicurien Gassendi et lie connaissance avec les « libertins » Chapelle, Cyrano de Bergerac, d'Assoucy.

1643 (16 juin) — S'étant lié avec une comédienne, **Madeleine Béjart**, née en 1618, il constitue avec elle une troupe qui prend le nom d'**Illustre-Théâtre**; la troupe sera dirigée par Madeleine Béjart.

1644 — Jean-Baptiste Poquelin prend le surnom de **Molière** et devient directeur de l'Illustre-Théâtre, qui, après des représentations en province, s'installe à Paris et joue dans des salles de jeu de paume désaffectées.

1645 — L'Illustre-Théâtre connaît des difficultés financières; Molière est emprisonné au Châtelet pour dettes pendant quelques jours.

1645 — Molière part pour **la province** avec sa troupe. Cette longue période
1658 de treize années est assez mal connue : on a pu repérer son passage à certaines dates dans telle ou telle région, mais on ne possède guère de renseignements sur le répertoire de son théâtre; il est vraisemblable qu'outre des tragédies d'auteurs contemporains (notamment Corneille) Molière donnait de courtes farces de sa composition, dont certaines n'étaient qu'un canevas sur lequel les acteurs improvisaient, à l'italienne.
1645-1653 — La troupe est protégée par le duc d'Épernon, gouverneur de Guyenne. Molière, qui a laissé la direction au comédien Dufresne, imposé par le duc, reprend lui-même (1650) la tête de la troupe : il joue dans les villes du Sud-Ouest (Albi, Carcassonne, Toulouse, Agen, Pézenas), mais aussi à Lyon (1650 et 1652).
1653-1657 — La troupe passe sous la protection du prince de Conti, gouverneur du Languedoc. Molière reste dans les mêmes régions : il joue le personnage de Mascarille dans deux comédies de lui (les premières dont nous ayons le texte) : *l'Étourdi,* donné à Lyon en 1655, *le Dépit amoureux,* à Béziers en 1656.
1657-1658 — Molière est maintenant protégé par le gouverneur de Normandie; il rencontre Corneille à Rouen; il joue aussi à Lyon et à Grenoble.

1658 — Retour à Paris de Molière et de sa troupe, qui devient « troupe de Monsieur »; le succès d'une représentation (*Nicomède* et une farce) donnée devant le roi (24 octobre) lui fait obtenir la **salle du Petit-Bourbon** (près du Louvre), où il joue en alternance avec les comédiens-italiens.

1659 (18 novembre) — Première représentation des *Précieuses ridicules* (après *Cinna*) : grand succès.

1660 — *Sganarelle* (mai). Molière crée, à la manière des Italiens, le personnage de **Sganarelle**, qui reparaîtra, **toujours interprété par lui**, dans plusieurs comédies qui suivront. — Il reprend, son frère étant mort, la survivance de la charge paternelle (tapissier du roi) qu'il lui avait cédée en 1654.

© *Librairie Larousse,* 1970.   ISBN 2-03-034664-0

1661 — Molière, qui a dû abandonner le théâtre du Petit-Bourbon (démoli pour permettre la construction de la colonnade du Louvre), s'installe au **Palais-Royal**. *Dom Garcie de Navarre*, comédie héroïque : échec. *L'École des maris* (24 juin) : succès. *Les Fâcheux* (novembre), première comédie-ballet, jouée devant le roi, chez Fouquet, au château de Vaux-le-Vicomte.

1662 — **Mariage** de Molière avec **Armande Béjart** (sœur ou fille de Madeleine), de vingt ans plus jeune que lui. *L'École des femmes* (26 décembre) : grand succès.

1663 — Querelle à propos de l'École des femmes. Molière répond par *la Critique de « l'École des femmes »* (1ᵉʳ juin) et par *l'Impromptu de Versailles* (14 octobre).

1664 — Naissance et mort du premier enfant de Molière : Louis XIV en est le parrain. *Le Mariage forcé* (janvier), comédie-ballet. Du 8 au 13 mai, fêtes de l' « Île enchantée » à Versailles : Molière, qui anime les divertissements, donne *la Princesse d'Élide* (8 mai) et les trois premiers actes du *Tartuffe* (12 mai) : **interdiction** de donner à Paris cette dernière pièce. Molière joue *la Thébaïde*, de Racine.

1665 — *Dom Juan* (15 février) : malgré le succès, Molière, toujours critiqué par les dévots, retire sa pièce après quinze représentations. Louis XIV donne à la troupe de Molière le titre de « Troupe du roi » avec une pension de 6 000 livres (somme assez faible, puisqu'une bonne représentation au Palais-Royal rapporte, d'après le registre de La Grange, couramment 1 500 livres et que la première du *Tartuffe*, en 1669, rapportera 2 860 livres). *L'Amour médecin* (15 septembre). Brouille avec Racine, qui retire à Molière son *Alexandre* pour le donner à l'Hôtel de Bourgogne.

1666 — Molière, malade, cesse de jouer pendant plus de deux mois; il loue une maison à Auteuil. *Le Misanthrope* (4 juin). *Le Médecin malgré lui* (6 août), dernière pièce où apparaît Sganarelle. En décembre, fêtes du « Ballet des Muses » à Saint-Germain : *Mélicerte* (2 décembre).

1667 — Suite des fêtes de Saint-Germain : Molière y donne encore *la Pastorale comique* (5 janvier) et *le Sicilien ou l'Amour peintre* (14 février). **Nouvelle version** du *Tartuffe*, sous le titre de *l'Imposteur* (5 août) : la pièce est **interdite** le lendemain.

1668 — *Amphitryon* (13 janvier). *George Dandin* (18 juillet). *L'Avare* (9 septembre).

1669 — Troisième version du *Tartuffe* (5 février), enfin **autorisé** : immense succès. Mort du père de Molière (25 février). À Chambord, *Monsieur de Pourceaugnac* (6 octobre).

1670 — *Les Amants magnifiques*, comédie-ballet (30 janvier à Saint-Germain). *Le Bourgeois gentilhomme*, comédie-ballet (14 octobre à Chambord).

1671 — *Psyché*, tragédie-ballet avec Quinault, Corneille et Lully (17 janvier), aux Tuileries, puis au Palais-Royal, aménagé pour ce nouveau spectacle. *Les Fourberies de Scapin* (24 mai). — *La Comtesse d'Escarbagnas* (2 décembre à Saint-Germain).

1672 — Mort de Madeleine Béjart (17 février). *Les Femmes savantes* (11 mars). Brouille avec Lully, qui a obtenu du roi le privilège de tous les spectacles avec musique et ballets.

1673 — *Le Malade imaginaire* (10 février). A la quatrième représentation (17 février), Molière, pris en scène d'un malaise, est transporté chez lui, rue de Richelieu, et **meurt** presque aussitôt. N'ayant pas renié sa vie de comédien devant un prêtre, il n'avait pas, selon la tradition, pas le droit d'être enseveli en terre chrétienne : après intervention du roi auprès de l'archevêque, on l'enterre sans grande cérémonie, à 9 heures du soir, au cimetière Saint-Joseph.

Molière avait seize ans de moins que Corneille, neuf ans de moins que La Rochefoucauld, un an de moins que La Fontaine.

Il avait un an de plus que Pascal, quatre ans de plus que Mᵐᵉ de Sévigné, cinq ans de plus que Bossuet, quatorze ans de plus que Boileau, dix-sept ans de plus que Racine.

MOLIÈRE ET SON TEMPS

	la vie et l'œuvre de Molière	le mouvement intellectuel et artistique	les événements politiques
1622	Baptême à Paris de J.-B. Poquelin (15 janvier).	Succès dramatiques d'Alarcon, de Tirso de Molina en Espagne.	Paix de Montpellier, mettant fin à la guerre de religion en Béarn.
1639	Quitte le collège de Clermont, où il a fait ses études.	Maynard : Odes. Tragi-comédies de Boisrobert et de Scudéry. Naissance de Racine.	La guerre contre l'Espagne et les Impériaux, commencée en 1635, se poursuit.
1642	Obtient sa licence en droit.	Corneille : la Mort de Pompée (décembre). Du Ryer : Esther.	Prise de Perpignan. Mort de Richelieu (4 décembre).
1643	Constitue la troupe de l'Illustre-Théâtre avec Madeleine Béjart.	Corneille : le Menteur. Ouverture des petites écoles de Port-Royal-des-Champs. Arrivée à Paris de Lully.	Mort de Louis XIII (14 mai). Victoire de Rocroi (19 mai). Défaite française en Aragon.
1645	Faillite de l'Illustre-Théâtre.	Rotrou : Saint Genest. Corneille : Théodore, vierge et martyre.	Victoire française de Nördlingen sur les Impériaux (3 août).
1646	Reprend place avec Madeleine Béjart dans une troupe protégée par le duc d'Épernon. Va en province.	Cyrano de Bergerac : le Pédant joué. Saint-Amant : Poésies.	Prise de Dunkerque.
1650	Prend la direction de la troupe, qui sera protégée à partir de 1653 par le prince de Conti.	Saint-Évremond : la comédie des Académistes. Mort de Descartes.	Troubles de la Fronde : victoire provisoire de Mazarin sur Condé et les princes.
1655	Représentation à Lyon de l'Etourdi.	Pascal se retire à Port-Royal-des-Champs (janvier). Racine entre à l'école des Granges de Port-Royal.	Négociations avec Cromwell pour obtenir l'alliance anglaise contre l'Espagne.
1658	Arrive à Paris avec sa troupe, qui devient la « troupe de Monsieur » et occupe la salle du Petit-Bourbon.	Dorimond : le Festin de pierre.	Victoire des Dunes sur les Espagnols. Mort d'Olivier Cromwell.
1659	Représentation triomphale des Précieuses ridicules.	Villiers : le Festin de pierre. Retour de Corneille au théâtre avec Œdipe.	Paix des Pyrénées : l'Espagne cède l'Artois et le Roussillon à la France.
1660	Sganarelle ou le Cocu imaginaire.	Quinault : Stratonice (tragédie). Bossuet prêche le carême aux Minimes.	Mariage de Louis XIV et de Marie-Thérèse. Restauration des Stuarts.
1661	S'installe au Palais-Royal. Dom Garcie de Navarre. L'Ecole des maris. Les Fâcheux.	La Fontaine : Élégie aux nymphes de Vaux.	Mort de Mazarin (8 mars). Arrestation de Fouquet (5 septembre).

	Molière	Littérature	Histoire
1662	Se marie avec Armande Béjart. L'Ecole des femmes.	Corneille : *Sertorius*. La Rochefoucauld : *Mémoires*. Mort de Pascal (19 août). Fondation de la manufacture des Gobelins.	Michel Le Tellier, Colbert et Hugues de Lionne deviennent ministres de Louis XIV.
1663	Querelle de l'Ecole des femmes. La Critique de « l'Ecole des femmes ».	Corneille : *Sophonisbe*. Racine : *ode* Sur la convalescence du Roi.	Invasion de l'Autriche par les Turcs.
1664	Le Mariage forcé. Interdiction du premier Tartuffe.	Racine : *la Thébaïde ou les Frères ennemis*.	Condamnation de Fouquet, après un procès de quatre ans.
1665	Dom Juan. L'Amour médecin.	La Fontaine : *Contes et Nouvelles*. Mort du peintre N. Poussin.	Peste de Londres.
1666	Le Misanthrope. Le Médecin malgré lui.	Boileau : *Satires* (I à VI). Furetière : le *Roman bourgeois*. Fondation de l'Académie des sciences.	Alliance franco-hollandaise contre l'Angleterre. Mort d'Anne d'Autriche. Incendie de Londres.
1667	Mélicerte. La Pastorale comique. Le Sicilien. Interdiction de la deuxième version du Tartuffe : l'Imposteur.	Corneille : *Attila*. Racine : *Andromaque*. Milton : *le Paradis perdu*. Naissance de Swift.	Conquête de la Flandre par les troupes françaises (guerre de Dévolution).
1668	Amphitryon. George Dandin. L'Avare.	La Fontaine : *Fables* (livres I à VI). Racine : *les Plaideurs*. Mort du peintre Nicolas Mignard.	Fin de la guerre de Dévolution : traités de Saint-Germain et d'Aix-la-Chapelle. Annexion de la Flandre.
1669	Représentation du Tartuffe. Monsieur de Pourceaugnac.	Racine : *Britannicus*. Th. Corneille : *la Mort d'Annibal*. Bossuet : *Oraison funèbre d'Henriette de France*.	
1670	Les Amants magnifiques. Le Bourgeois gentilhomme.	Racine : *Bérénice*. Corneille : *Tite et Bérénice*. Edition des *Pensées* de Pascal. Mariotte découvre la loi des gaz.	Mort de Madame. Les états de Hollande nomment Guillaume d'Orange capitaine général.
1671	Psyché. Les Fourberies de Scapin. La Comtesse d'Escarbagnas.	Débuts de la correspondance de Mme de Sévigné avec Mme de Grignan.	Louis XIV prépare la guerre contre la Hollande.
1672	Les Femmes savantes. Mort de Madeleine Béjart.	Racine : *Bajazet*. Th. Corneille : *Ariane*. P. Corneille : *Pulchérie*.	Déclaration de guerre à la Hollande. Passage du Rhin (juin).
1673	Le Malade imaginaire. Mort de Molière (17 février).	Racine : *Mithridate*. Séjour de Leibniz à Paris. Premier grand opéra de Lully : *Cadmus et Hermione*.	Conquête de la Hollande. Prise de Maestricht (29 juin).

BIBLIOGRAPHIE SOMMAIRE

OUVRAGES GÉNÉRAUX SUR MOLIÈRE

Gustave Michaut   *la Jeunesse de Molière* (Paris, Hachette, 1922).

Les Débuts de Molière à Paris (Paris, Hachette, 1923).

Les Luttes de Molière (Paris, Hachette, 1925).

Ramon Fernandez   *la Vie de Molière* (Paris, Gallimard, 1930).

Daniel Mornet   *Molière, l'homme et l'œuvre* (Paris, Boivin, 1943).

René Bray   *Molière homme de théâtre* (Paris, Mercure de France, 1954).

Antoine Adam   *Histoire de la littérature française au XVIIe siècle,* tome III (Paris, Domat, 1952).

Alfred Simon   *Molière par lui-même* (Paris, Éd. du Seuil, 1957).

Pierre Voltz   *la Comédie* (Paris, A. Colin, 1964).

SUR « LE MÉDECIN MALGRÉ LUI »

Gustave Lanson   *Molière et la farce* (Revue de Paris, 1er mai 1901).

SUR LA LANGUE DE MOLIÈRE

Jean Dubois, René Lagane et A. Lerond   *Dictionnaire du français classique* (Paris, Larousse, 1971).

Vaugelas   *Remarques sur la langue française* (Paris, Larousse, « Nouveaux Classiques », 1969).

LE MÉDECIN MALGRÉ LUI
1666

NOTICE

CE QUI SE PASSAIT EN 1666

■ *EN POLITIQUE :* La France s'unit à la Hollande, alors en guerre contre l'Angleterre. Bataille navale entre les flottes de Monk et de Ruyter (11-14 juin). Mort de la reine mère Anne d'Autriche (20 janvier). Un incendie détruit la plus grande partie de Londres.

■ *EN LITTÉRATURE :* Boileau donne la première édition de ses Satires. Première édition signée des Maximes de La Rochefoucauld. Bossuet prêche le Carême à Saint-Germain. Fléchier rédige ses Mémoires sur les Grands Jours d'Auvergne. Furetière publie le Roman bourgeois. Cotin fait paraître la Satire des satires.

Au théâtre : Corneille fait jouer sans succès Agésilas. Son frère, Thomas, donne Antiochus. Molière fait représenter le Misanthrope (4 juin). Racine écrit ses Lettres contre les Visionnaires de Nicole.

À l'étranger : John Bunyan publie, à Londres, l'Afflux de la grâce.

■ *DANS LES SCIENCES :* Établissement en France de l'Académie des sciences. Huygens est appelé à Paris. Newton commence à rechercher les lois de la gravitation, et effectue dans ce dessein ses premiers calculs. (C'est en 1666 que se place la fameuse anecdote de la pomme.)

REPRÉSENTATION ET PUBLICATION DU « MÉDECIN MALGRÉ LUI »

Le Médecin malgré lui fut représenté pour la première fois le vendredi 6 août 1666 sur la scène du Palais-Royal avec *la Mère coquette* de Donneau de Visé.

Trois mois auparavant, *le Misanthrope* avait connu un succès d'estime, mais des recettes médiocres. Molière, à la fois auteur, acteur et directeur, avait à faire face à de nombreux problèmes quotidiens : l'entretien matériel de sa troupe n'était pas le moins important. Est-ce pour équilibrer la situation financière de son théâtre qu'il reprend, après quelques retouches, une farce qui fit les beaux soirs de ses tournées provinciales ? Est-ce pour retrouver la faveur populaire à laquelle il semblait tenir particulièrement ? Ces deux explications souvent reprises par la critique sont aujourd'hui abandonnées. Il n'est guère vraisemblable, en effet, que la

« farce » du *Médecin malgré lui* ait servi à soutenir la « comédie »
du *Misanthrope* et assuré sa carrière, puisque ce n'est pas le *Misan-*
thrope qu'elle accompagnait la première fois, mais la comédie de
Donneau de Visé, puis *le Favori* de Mlle Desjardins. Ce n'est qu'à
partir du 3 septembre que Sganarelle précède Alceste, mais seulement pour quatre séances. Quant à la prédilection exclusive de
Molière pour le public populaire, il est permis d'en douter, quand
on sait combien comptait pour lui l'approbation des « augustes
personnes » qui fréquentaient son théâtre et le subventionnaient.
La vérité, assez différente de ces hypothèses controversées, tient au
génie même du grand comédien. Il n'est pas pour lui de genre mineur.
Aussi à l'aise dans les « petits divertissements » que dans la comédie de caractères, il apporte autant de soin à crayonner Sganarelle
qu'à polir Alceste. Son grand souci est de plaire, de faire rire et de
toucher tous les publics; or celui de la Cour était aussi friand de
farces que celui des quartiers populaires. Personne, en tout cas, ne
lui ménagea ses applaudissements, et, dès la première représentation, *le Médecin malgré lui* déclencha un rire qui dure encore
aujourd'hui.

Molière a quarante-quatre ans. Il est en pleine possession de son
métier de comédien, et l'acteur partage ce soir-là avec l'auteur les
lauriers du triomphe. Ses contemporains ont loué avec Perrault sa
drôlerie. Petit, trapu, mais d'une agilité surprenante, il impres-
sionnait par sa présence sur scène. Sa voix de fausset s'adaptait à
merveille au registre de la farce, et quand il n'en usait pas, ses
seules mimiques provoquaient l'hilarité. Pour la dernière fois, il
s'identifiait au personnage de Sganarelle, à l'allure grotesque et
aux longues moustaches tombantes (la *large barbe noire* dont parle
Martine, acte premier, scène IV).

Son talent de metteur en scène n'était pas moindre. Il ne négli-
geait ni le décor, ni les costumes, ni la distribution. Nous connaissons la garde-robe de Lucinde pour la première représentation :
« jupe de satin couleur de feu avec guipures et trois volants, et le
corps de toile d'argent et soie verte ». Sganarelle, de son côté, por-
tait « pourpoint, haut-de-chausses, col, ceinture, fraise et bas de
laine et escarcelle, le tout de serge jaune garni de ruban de padoue »:
un vrai costume de « perroquet » imité de la comédie italienne
(voir l'illustration page 2). Les acteurs avaient abandonné le
masque utilisé dans plusieurs œuvres antérieures, mais recher-
chaient l'effet caricatural. Armande Béjart, la jeune et coquette
femme du poète, incarnait Lucinde avec grâce. Mlle de Brie, endia-
blée, jouait Martine. Du Croisy, à la forte corpulence, campait
un Géronte saisissant; quant à La Grange, jeune premier de vingt-
cinq ans, beau garçon à la voix chaude, il justifiait aux yeux du
public la passion de Lucinde.

On sait le soin que mettait Molière au choix et à la préparation de
ses acteurs, qui « semblaient, comme l'a noté un de ses contem-

porains, moins les acteurs de comédie que les vrais personnages qu'ils représentaient ».

Le Médecin malgré lui a procuré sans aucun doute à Molière de grandes joies professionnelles. C'est une des œuvres qu'il a reprises le plus souvent. Elle fut de son vivant donnée cinquante-neuf fois et trois cents fois de 1674 à 1715. Au XVIIIe siècle, on en compte sept cent quarante-huit représentations, contre sept cent soixante et une du *Tartuffe*. Depuis, c'est avant le *Tartuffe* l'œuvre de Molière le plus souvent jouée : 2 080 représentations à la Comédie-Française au 1er janvier 1965.

La première édition du *Médecin malgré lui* parut le 24 décembre 1666 chez le libraire Jean Ribou, curieux « forban » de l'édition et pourtant ami fidèle de Molière. Le privilège pour l'impression avait été concédé au comédien le 8 octobre 1666. C'est le texte de cette édition que nous adoptons ici.

ANALYSE DE LA PIÈCE
(Les scènes principales sont indiquées entre parenthèses.)

■ *ACTE PREMIER.* **Le rosseur rossé.**

Sganarelle, qui fait des fagots tout près de sa maison, se prend de querelle avec sa femme Martine. Celle-ci l'accablant de reproches, il se venge en la rossant **(scène première)**. M. Robert, un voisin, essaie de les « raccommoder ». Mal lui en prend : il s'entend reprocher son indiscrétion **(scène II)**. Sganarelle cependant fait la paix avec Martine. Celle-ci n'oublie pas les coups reçus et médite une vengeance. Passent justement Valère et Lucas, les deux domestiques de Géronte, à la recherche du médecin merveilleux qui saura guérir du mutisme subit Lucinde, la fille de leur maître. Martine leur conseille d'aller dans la forêt proche demander secours à son mari Sganarelle, « l'homme qui fait des miracles », mais qui ne les accomplit que si on le force à grands coups de bâton.

Or, voici Sganarelle rentrant de son travail de fort bonne humeur et la tête un peu chavirée par le vin. Les deux compères ont vite fait, par des arguments frappants, de le convaincre qu'il est excellent médecin. Sganarelle les suit, prêt à tout **(scène V)**.

■ *ACTE II.* **La médecine drolatique.**

Dans la chambre de Géronte, Valère et Lucas, au retour de leur mission, vantent les mérites du médecin qu'ils ont découvert. Jacqueline, la nourrice, est beaucoup plus sceptique que son maître, car elle connaît le véritable mal de Lucinde. La jeune fille est, en effet, amoureuse de Léandre, que son père lui refuse, et a imaginé de devenir muette pour attendrir Géronte et le forcer à consentir à son mariage.

Sganarelle arrive enfin, se venge sur Géronte des coups de bâton qu'il a reçus et se déclare prêt à faire l'impossible pour Lucinde.

La consultation a lieu. Le « médecin malgré lui », très embarrassé, s'en tire avec des drôleries et diagnostique que la jeune fille est muette « parce qu'elle a perdu l'usage de la parole » **(scène IV)**.

Resté seul sur la scène, Sganarelle contemple les beaux écus qu'il vient de gagner. Arrive Léandre qui lui demande de « servir son amour ». Sganarelle feint d'être offensé par une telle proposition, mais quelques nouveaux écus ont raison de ses scrupules. Il fera ce que désire le jeune homme **(scène V)**.

■ *ACTE III.* **L'amour triomphant.**

Léandre, déguisé en apothicaire, et Sganarelle, devenu son complice, se disposent à aller rendre visite à Géronte. Chemin faisant, le « médecin malgré lui » donne une consultation à deux paysans qui cherchent remède pour une femme atteinte d'hypocrisie (hydropisie) **[scène II]**.

Nous voici maintenant chez Géronte. Sganarelle charge son compagnon d'aller tâter le pouls de la malade, Lucinde. La jeune fille — et pour cause! — retrouve instantanément l'usage de la parole. Elle en profite pour réclamer avec véhémence la main de Léandre. Géronte est à la fois heureux et indigné **(scène VI)**.

Sur le conseil de Sganarelle, Lucinde et l'apothicaire vont, pour que la guérison soit complète, « prendre l'air » dans le jardin, mais c'est pour mieux fuir ensemble.

Géronte ne tarde pas à apprendre leur escapade de la bouche de Lucas, qui lui révèle en même temps le rôle de Sganarelle dans cette « opération ». Le pauvre médecin est menacé de la pendaison, mais tout s'arrange, car Léandre, devenu soudain très riche par un héritage inattendu, et Lucinde, complètement guérie, obtiennent le consentement de Géronte à leur mariage. Leur rêve est enfin réalisé. Quant à Sganarelle, pardonné, il rentrera chez lui avec sa femme vengée, mais il semble bien avoir pris goût à la dignité de médecin dont il est maintenant pourvu : « la médecine l'a échappé belle » **(scène XI)**.

LES SOURCES DU « MÉDECIN MALGRÉ LUI »

On a cité de nombreuses sources du *Médecin malgré lui*. Il faut se garder de les retenir toutes, car, conscients ou non, les emprunts de Molière semblent, pour cette farce, beaucoup plus oraux que livresques.

Les thèmes qu'il y aborde sont vieux comme le monde. A partir du fonds anecdotique assez mince qu'il reprend, il rejoint en réalité une tradition satirique très solide. Bien avant lui, on a mis à mal les guérisseurs prétentieux et cupides, les épouses autoritaires, les paysans retors et les amoureux futés. Molière a repensé en les regroupant quelques-unes de ces histoires et les a accompagnées d'une amusante satire médicale.

La première histoire donne son titre à la pièce. Elle vient en droite ligne du Moyen Age et des fabliaux. C'est dans le *Vilain mire (le Paysan médecin)* qu'on en a retrouvé la trace. La mésaventure de ce riche et méchant paysan condamné par son épouse, lasse des coups reçus, à pratiquer contre son gré l'art médical préfigure celle de Sganarelle, mais celui-ci est un pauvre et simple fagotier. Le mire du fabliau opère une cure miraculeuse sur la fille du roi qui venait d'avaler une arête et sur une troupe de pauvres hères résolus à tout plutôt qu'à mourir. Sganarelle a un pouvoir autrement étendu, puisqu'il guérit l'amour malheureux. Enrichi par ses succès, le vilain mire retourne à son foyer, comblé, tendre et soumis. Sganarelle, lui, ne fait point fortune, risque le pire jusqu'au dernier moment, mais, à peine sorti de danger, retrouve esprit et autorité. La comparaison des deux œuvres souligne des différences considérables et marque la transformation du « récit » du fabliau par la magie du comédien. On a douté que Molière ait connu *le Vilain mire*. Certes, le XVIIe siècle dédaignait ou ignorait le Moyen Age, mais la tradition orale des fabliaux n'a cessé de se maintenir, et Molière a pu la recueillir auprès du menu peuple familier de ses tréteaux. L'anecdote avait été d'autre part reprise plusieurs fois dans des textes littéraires. Elle figure dans les Xe et XXXe *Serées* (1584) de Guillaume Bouchet, dans *El Acero de Madrid* de Lope de Vega, dans la *Fingida Arcadia* de Tirso de Molina. Molière a-t-il lu les *Serées*? On peut en douter. Mais il n'est pas surprenant qu'il ait pu connaître les deux œuvres espagnoles. Sa culture était considérable, sa curiosité toujours en éveil, et l'on sait la fortune extraordinaire de la littérature dramatique d'outre-Pyrénées au XVIIe siècle.

Les malheurs de Sganarelle rossé par son épouse doivent aussi beaucoup à des faits divers contemporains. Boileau est sans doute responsable de leur écho auprès de Molière. Les deux amis s'étaient souvent entretenus des mésaventures conjugales d'un certain Didier l'Amour, mari en secondes noces d'une femme acariâtre et impossible, Anne Dubuisson. L'infortuné allait prendre place pour l'immortalité dans *le Lutrin*. Molière, à son tour, a pu se souvenir de lui en préparant sa farce.

La seconde « histoire » du *Médecin malgré lui*, la femme muette guérie et le mari déçu, figure déjà au livre III, chapitre XXXV du *Pantagruel*. Rabelais y rappelle qu'Epistémon participa dans sa jeunesse, à Montpellier, à la représentation de « la morale comédie de celui qui avait épousé une femme mute ». Un pauvre mari affligé d'une épouse aphasique voulut « que celle-ci parlât ». Médecin et chirurgien s'y emploient aussitôt et avec tant de succès que le mari supplie les guérisseurs de faire perdre de nouveau à sa femme l'usage de la parole. C'est déjà la prière de Géronte à Sganarelle à l'acte III, scène VI du *Médecin malgré lui* : « Monsieur, je vous prie de la faire redevenir muette. »

Quant à la satire médicale, thème ancien dont Montaigne s'était fait l'écho[1], ce n'est pas la première fois que Molière en faisait le sujet d'une comédie. Nous ne savons rien malheureusement du *Fagotier* ou *Fagoteux* représenté le 14 septembre 1661 et le 20 avril 1663, et du *Médecin par force*, que La Thorillière mentionne dans ses registres. Les contemporains de Molière les ont souvent confondus avec le *Médecin malgré lui*. Mais le *Médecin volant* nous est resté (voir pp. 81-92). Il nous propose un Sganarelle, un Gorgibus et une Lucile, c'est déjà le trio Sganarelle-Géronte-Lucinde. Et c'est déjà la veine satirique antimédicale avec la consultation bouffonne par absorption de l'urine de la malade et le galimatias latino-burlesque pour donner le change au lourdaud Gorgibus.

Un an avant le *Médecin malgré lui*, un autre Sganarelle, celui de *Dom Juan*, déguisé lui aussi en médecin (acte III), mais pour d'autres motifs, avait égratigné les disciples d'Hippocrate. Le vin émétique, médecine merveilleuse, y est vanté comme souverain, puisqu'il va jusqu'à faire mourir les malades pour assurer leur guérison totale. La même année que *Dom Juan* se jouait *l'Amour médecin* (1665), où la confrontation de quatre consultants au chevet d'une autre Lucinde offre à Molière l'occasion d'étaler au grand jour la vénalité, la suffisance et la jalousie de certains grands représentants de l'art médical.

L'ACTION DANS « LE MÉDECIN MALGRÉ LUI »

Loin de constituer une véritable comédie au sens où nous entendons habituellement le mot, le *Médecin malgré lui* tient surtout de la farce. C'est, dans ce domaine, une des réussites les plus achevées de Molière.

Mélange de genres et de ton autour d'une bonne plaisanterie, la farce est le lieu de rencontre idéal de la fantaisie scénique et de la liberté d'expression. Sur un thème donné, les « farceurs » improvisent, brodent, miment, donnent libre cours à leur talent et à leur fantaisie. Non seulement ils s'amusent entre eux, mais le public prend part à leur jeu. Ils l'interpellent, le raillent et cherchent son approbation et ses bravos. On devine les avantages et les dangers de cette forme d'expression théâtrale. Grimaces, quolibets, grivoiseries, tout y passe. Histrions et bateleurs ont souvent le verbe haut, la critique acérée, la plaisanterie libre et l'obscénité facile. Avec Tabarin, Gros-Guillaume, Gaultier-Garguille, Turlupin, le genre a maintenu, au XVIIᵉ siècle, cette tradition gauloise, à peine contaminée par l'influence italienne de la *commedia dell'arte*. Molière allait lui imprimer sa marque, tout en restant soumis à ses contraintes.

---

1. Au livre II, chapitre XXXVII des *Essais* : « De la ressemblance des enfants aux pères ». Voir un extrait de ce texte dans *l'Amour médecin* (édition des « Nouveaux classiques Larousse »).

Aussi est-ce un contresens de chercher à retrouver dans *le Médecin malgré lui* une unité d'action.

Plusieurs actions successives s'entrecroisent dans la pièce. La première, chronologiquement, domine les autres. La querelle Martine-Sganarelle nous retient jusqu'à la fin, et c'est son dénouement que nous attendons. C'est le fil conducteur, et Molière le dévide avec art. L'introduction, à la première scène, est directe, rapide, et les critiques en ont unanimement reconnu l'« effet « dramatique ». Le nœud est constitué par la rencontre des domestiques de Géronte. On pourrait alors s'attendre à un développement rigoureux. Mais Molière farceur n'a pas à nous offrir une démonstration. Une fois les données du problème posées, le reste n'a pas d'importance, la vraisemblance ne compte pas, la fantaisie seule est maîtresse de la raison et du rire. Car ce qui compte avant tout, c'est de faire rire grâce à Sganarelle. Le « fagotier » mène sa femme à sa guise, le « médecin » nous entraîne dans son sillage, même si, de temps en temps, il peut lui en cuire. Son esprit, sa drôlerie créent l'action et la commandent. Le lieu de l'action peut changer ; et, de fait, il y a quatre décors au *Médecin malgré lui*. Le dénouement peut aussi être n'importe lequel. Celui que nous propose Molière est du reste discutable. Et il a été contesté. « Maladresse de Molière, non par défaut mais par lucidité », a noté Henri Gouhier, car, « si le dénouement est toujours conventionnel dans la comédie qui veut rester comédie, à quoi bon ruser avec la loi du genre » ?

La mésaventure conjugale de Sganarelle et de Martine sert de cadre à l'action, le reste sert à la coloration, au relief, mais ne crée qu'apparence de mouvement. Les scènes de « consultation », au rythme pourtant endiablé, aux saillies très drôles, n'ont de valeur que comme satire. L'aventure amoureuse de Lucinde et de Léandre, plus conventionnelle et plus fade que celle de *l'Amour médecin*, ridiculise Géronte, mais ne nous amène qu'artificiellement au dénouement. Vue sous l'angle de la farce, l'action du *Médecin malgré lui* n'est donc que le support suffisant de la verve satirique et comique, d'où naissent des situations destinées à provoquer le rire, sans qu'un lien rigoureux les unisse entre elles.

LES PERSONNAGES

Crayonnés pour la farce, les personnages du *Médecin malgré lui* ne constituent pas des caractères. Ils gardent cependant assez de naturel pour n'être pas tout à fait invraisemblables.

La figure de **Sganarelle** les domine tous. C'est la dernière fois qu'il s'incarne pour nous sur la scène moliéresque. Mais il y apparaît avec un autre habit et un nouveau visage. Ses infortunes seront beaucoup moins grandes que celles du premier *Sganarelle*, et ses façons moins frustes que dans *le Médecin volant*. De tuteur qu'il était dans *l'Amour médecin*, le voilà promu au rang de mari. Le valet espagnol, « lâche, goinfre et vicieux[1] », de *Dom Juan* a cédé la place au paysan finaud, qui apporte sur la scène la « glèbe de ses sabots campagnards[2] ».

Menteur, têtu et ivrogne, ce Sganarelle-là est issu de la tradition gauloise. Gaillard et prompt à la répartie, ce paysan bien français garde une verdeur rabelaisienne. « Molière, au cours de ses pérégrinations dans le Midi, note A. Adam, a connu ce coq de village, ce beau parleur, plante naturelle de notre sol[3]. » Sans doute, on ne saurait le définir comme un « caractère », mais la réalité humaine du personnage est évidente. Cette vérité psychologique est d'autant plus surprenante que Sganarelle tient trois emplois différents. Il est le mari querelleur, mais sans méchanceté au fond, prêt à la réconciliation après les disputes conjugales (fin de la scène II de l'acte premier), mais non moins sensible aux charmes plantureux de la nourrice (acte II, scènes II, III et IV). Or, à peine a-t-il revêtu l'habit de médecin qu'il invoque Hippocrate, disserte des humeurs et de la veine cave, estropie suffisamment le latin pour montrer qu'il n'en a qu'une connaissance rudimentaire, mais pas assez pour qu'on l'en suppose totalement ignorant. Il est un peu étrange qu'un fagotier besogneux en sache tout de même autant. Molière a prévu l'objection : Sganarelle (acte III, scène première) explique à Léandre que ses « études n'ont été que jusqu'en sixième ». Au milieu des autres paysans ignares, un tel degré d'instruction, à une telle époque, est assez étonnant. Du moins, cette condition était-elle nécessaire pour donner sa vraisemblance à l'érudition burlesque de Sganarelle (qui rejoint ici le Sganarelle de *Dom Juan*) et, du même coup, à l'aisance avec laquelle il endosse le pédantisme et la suffisance de sa nouvelle profession, comme s'il était un vrai médecin. C'est à peine alors si le fagotier transparaît à travers le « médecin goguenard » (acte II, scène II, ligne 26). Il y a enfin un troisième rôle qui est dévolu à Sganarelle : celui du valet inventif qui aide Léandre au troisième acte à enlever celle qu'il aime ; mais, après tout, qui pouvait se transformer en Diafoirus peut bien se métamorphoser en Scapin. A vrai dire, malgré la réapparition de Martine à la fin du troisième acte, on ne se souvient plus tellement à ce moment du fagotier du début. L'habileté de Molière a consisté à préserver l'unité du personnage, tout en le faisant glisser insensiblement d'un rôle à l'autre ; la verve de Sganarelle reste égale à elle-même dans toutes les situations.

Les autres rôles sont plus effacés ; rapidement dessinés, les personnages gardent une large part de convention, mais Molière sait, comme toujours, donner à certains d'entre eux assez de relief pour qu'ils n'apparaissent pas comme de simples fantoches. **Martine**

---

1. Antoine Adam, *Histoire de la littérature française du XVIIe siècle*, tome III, page 358 ; 2. A. Simon, *Molière*, Club français du livre (1959) ; 3. *Histoire de la littérature française au XVIIe siècle*, tome III, page 358.

n'est plus tout à fait la femme acariâtre de la farce traditionnelle, mais une épouse sûre de son bon droit, suffisamment animée pourtant de l'esprit de contradiction pour se sentir solidaire de son mari contre les intrus (acte premier, scène II). La malignité de sa vengeance (acte premier, scène IV), puis son attitude à la fois compatissante et cruelle quand Sganarelle est menacé de la potence (acte III, scène IX) la rangent de nouveau dans les emplois de la farce.

Géronte, père entêté, avare et borné, hérite de tous les travers propres aux vieillards de la *commedia dell'arte*. Molière a pourtant atténué le grotesque du personnage pour laisser transparaître à travers lui un bon bourgeois français, qui veut faire le bonheur de sa fille malgré elle en lui faisant épouser un prétendant de condition aisée et qui, ébahi de la science de Sganarelle, s'écrie déjà, à la façon de M. Jourdain : « Ah! que n'ai-je étudié! » (acte II, scène IV).

Quant aux jeunes amoureux, **Léandre** et **Lucinde,** ils n'ont guère d'occasion de se faire valoir et sont réduits à leur emploi. Du moins Lucinde a-t-elle sa scène à faire (acte III, scène VI), quand, selon l'usage, elle menace de recourir au couvent ou au suicide pour échapper à la volonté de son père.

Jacqueline, la nourrice, elle, a le franc-parler des servantes qui défendent le bon sens et les droits de l'amour contre un père autoritaire. Son parler paysan vient se joindre au chœur patoisant et jargonnant que forment **M. Robert, Valère, Lucas, Thibaut, Perrin,** personnages épisodiques, mais hauts en couleur, qui créent ici l'image de toute une classe sociale et enveloppent toute la pièce de la verve campagnarde.

LES INTENTIONS DE MOLIÈRE DANS « LE MÉDECIN MALGRÉ LUI »

Il ne faut jamais oublier, comme l'a justement rappelé Paul Bénichou, que Molière n'est ni un « moraliste », ni « un homme à systèmes »[1]. Pourtant, si *le Médecin malgré lui* est beaucoup moins suspect que *le Misanthrope* ou *le Tartuffe* de porter quelque message, il n'est pas interdit d'y déceler des intentions.

Molière a-t-il, en exploitant une veine facile, en réutilisant un sujet qui faisait recette, commis une faute de goût? Le reproche de Boileau, l'accusant d'avoir allié Térence à Tabarin, est celui d'un « régent du Parnasse », représentant officiel d'une morale teintée de jansénisme, d'un art poétique étouffant dans son corset classique. La Bruyère et Voltaire, en le recopiant, commettent la même erreur.

---

1. *Les Morales du Grand Siècle* (1948).

La vérité est que le public tout entier — peuple, bourgeois et gens de cour — aime la farce, et, loin de se choquer de celle de Molière, l'applaudit et l'encourage parce qu'il y retrouve ses propres jugements, et parce qu'elle a un ton, un mouvement, un esprit différents des improvisations des bateleurs ou des contorsions des personnages de la *commedia dell'arte*. Loin de s'abaisser vers la farce, Molière la soulève avec lui et lui confère ses lettres de noblesse. « N'en déplaise à Boileau, écrit Gustave Lanson[1], si Molière est unique c'est parce qu'il est avec son génie le moins académique des auteurs comiques et le plus près de Tabarin. »

L'auteur du *Médecin malgré lui* a-t-il cherché à ruiner dans l'opinion publique le prestige de l'art médical? Le projet eût été bien téméraire et injuste, car « la vie médicale sous Louis XIV est autre chose en réalité qu'une longue série de purges, de clystères et de saignées avec rhubarbe ou séné. Si certains docteurs ne sont que des pédants latinisants, uniquement capables de réciter par cœur leur Hippocrate et leur Galien, d'autres sont animés d'un esprit de recherche qui annonce déjà le siècle de l'*Encyclopédie*[2]. » Molière ne rit pas de l'art médical, qu'il connaissait du reste très bien sous ses aspects les plus respectables. « Il rit des médecins et de ce qu'ils avaient fait de la médecine[3]. »

Voulait-il, comme on l'a dit aussi, dispenser à ses auditeurs les leçons gassendistes d'une philosophie de la nature, libérée de contraintes, friande du seul plaisir? Il faudrait parler alors de « système », d'amoralisme et situer Molière dans la ligne de Montaigne et Rabelais, ses inspirateurs.

Cherche-t-il à ridiculiser l'autorité paternelle et à se faire le champion exclusif de la jeunesse?

Son but est plus simple, et il s'en est souvent expliqué. Il cherche à plaire en faisant rire.

S'il part en guerre contre les faux médecins, c'est parce qu'ils sont caricaturaux et que beaucoup en riaient avant lui. S'il singe en l'amplifiant leur galimatias, c'est parce qu'il a conscience que tant de mots obscurs ne font guère illusion au profane. La vraie médecine n'a que faire de ce bagage inutile et grotesque.

S'il s'en prend aux maris malheureux sous puissance d'épouse c'est sans doute parce qu'il croit préférable de rire d'un mal très répandu et dont il était affligé. S'il fait « polissonner » Sganarelle et « patoiser » ses paysans, ce n'est pas par mépris du peuple ou par fanfaronnade, mais parce que ces attitudes et ce langage sont toujours au théâtre d'un effet irrésistible.

---

1. *Manuel d'histoire de la littérature française* ; **2.** F. Millepierres, *la Vie quotidienne des médecins au temps de Molière* (Paris, Hachette, 1964); **3.** André Gide, *Journal*.

Car ses objectifs sont avant tout ceux d'un homme de théâtre qui monte pour notre divertissement un spectacle drôle dont nous pourrons éventuellement tirer profit.

Moraliste, non; mais certainement « engagé » : tel apparaît ici Molière. Dans la querelle du fagotier, il fait triompher en définitive le mari, c'est-à-dire l'homme contre la femme. Dans la lutte de Lucinde pour son amour, il donne raison aux jeunes contre Géronte. Dans son portrait de la médecine son indulgence est pour Sganarelle, l'empirique plein de bon sens, en opposition avec ceux qui s'abritent derrière les traditions et l'immobilisme stérile. Dans l'attitude de Sganarelle, il y a aussi de l'anti-Tartuffe. Ainsi, même dans une farce comme le *Médecin*, Molière retrouve sa dimension véritable. Sous l'ironie perce l'esprit de liberté, le non-conformisme. « Son audace, dit Pierre Voltz[1], est donc très précisément, même dans les pièces dont les personnages sont apparemment les plus inactuels, l'audace d'un satirique. »

LE COMIQUE

Audiberti définit Molière comme l'« athlète complet du théâtre ». Ce point de vue trouve sa justification même dans une pièce comme le *Médecin malgré lui*, car elle atteste la virtuosité en alliant avec bonheur la plupart des formes du comique.

Au comique de gestes, le plus facile, Molière sacrifie sans tricher; c'est la loi du mime où il excelle. Les bastonnades ont un pouvoir magique d'hilarité. *Le Médecin malgré lui* les multiplie et y ajoute même les retours de bâton. Les scènes de Sganarelle, « consultant », ou « polissonnant » avec la nourrice, sont essentiellement visuelles. L'acteur à la représentation le sait bien et ne se fait pas faute d'en ajouter.

Le comique de situation a également une large part, puisque l'intrigue repose sur des quiproquos bien entretenus. La méprise et l'embarras de ceux qui en sont les victimes ont un effet comique certain. Il est amusant de voir le paysan pris pour le médecin, surtout si, sous le déguisement et les enflures qu'il suscite, fusent l'esprit et le bon sens du déguisé. Sganarelle excelle en cet art. Léandre, travesti à son tour, n'aura guère le temps de montrer le bout de l'oreille, mais son travesti déjà nous amuse. Drôle est aussi la situation d'une Lucinde contrefaisant en un premier temps la muette, pour berner son père, et, dans un second temps, étourdissante de volubilité. Du même comique relève le revirement subit de Martine et son : « Et je veux qu'il me batte, moi » (acte premier, scène II, ligne 4), succédant à ses gémissements de martyre.

_____

1. *La Comédie*, page 71.

Les bons mots accompagnent ces attitudes : calembours, sous-entendus plus ou moins équivoques, effets de surprise nés de certaines associations d'images. Il est facile de trouver tout au long de la pièce les traces de l'habileté de Molière, de sa facilité aussi.

Il faudrait citer : « Elle a perdu la parole. — Ma foi, je ne l'ai pas trouvée... » (acte premier, scène V, ligne 195).

Dans un autre registre :

« Vous êtes médecin maintenant; je n'ai jamais eu d'autres licences » (acte II, scène II, ligne 23);

« Devenez malade, nourrice, pour l'amour de moi... » (acte III, scène III, ligne 7);

« Voilà un pouls qui marque que votre fille est muette... » (acte II, scène IV, ligne 47).

Ou cette boutade, déjà proverbiale :

« Et qui est ce sot-là, qui ne veut pas que sa femme soit muette ?.. » (acte II, scène IV, ligne 30).

Molière s'amuse à ces trouvailles. Et ses mots emportent l'adhésion et le rire.

A un degré plus élevé se situe le comique de la « profession ». Il est d'une autre qualité, car les gestes, l'habit, la parole même n'y suffisent pas. C'est en pleine lumière que doivent s'éclairer sur l'homme les cicatrices et les « tics » de son métier. Sganarelle, métamorphosé en médecin, semble s'ébrouer un instant, mal à l'aise dans sa nouvelle peau. Mais avec quelle promptitude il endosse son personnage. Le temps d'une scène, d'un court entracte, le voici plein de son sujet ou feignant de l'être, citant à tort et à travers Hippocrate ou Aristote. A Léandre, qui s'étonne d'une telle autorité, il explique péremptoire : « Il suffit de l'habit » (acte III, scène première, ligne 10).

Il sait tout, ne peut se permettre de douter de son diagnostic : « Nous autres, grands médecins, nous connaissons d'abord les choses » (acte II, scène IV, ligne 54). Pour que la charge soit complète, il ne manque que le geste professionnel inconscient. Le voici : Léandre vient le voir. Avant même de l'entendre, Sganarelle lui saisit le pouls. Ajoutez encore le galimatias, la sotte vanité et ce trait d'humour noir bien médical, repris du reste du *Médecin volant* : « Il ne faut pas qu'elle meure sans l'ordonnance du médecin » (acte II, scène IV, ligne 4).

Faut-il pourtant aller jusqu'à parler de comique de caractère ? Le visage de Sganarelle reste limité par la caricature. Il lui manque la profondeur. Bien sûr, sa médecine ne laisse pas d'être assez inquiétante; quelques coups de crayon supplémentaires, et le personnage serait odieux : nous en sommes heureusement préservés.

Sganarelle, violent, hâbleur, paillard, cynique, intéressé, n'a reçu de tous ces défauts qu'une dose assez convenable. Nous nous sentons rassurés à chaque instant sur la transformation qu'il vient de subir. Quand, par exemple, il apprécie la bourse qu'on vient de lui remettre et interroge : « Cela est-il de poids ? » (acte II, scène IV, ligne 177), nous ne sentons ni l'avarice sordide ni la cupidité, mais une notion réaliste des choses qui va bien avec le personnage du fagotier d'hier. Et s'il décrète qu' « il faut se faire aussi saigner pour la maladie à venir », c'est beaucoup plus pour faire un mot que par stupidité.

Le Médecin malgré lui ne veut être qu'une farce spirituelle et amusante. Avec les bastonnades, les calembours, les quiproquos, les grivoiseries, elle n'aurait guère dépassé les modèles espagnols et italiens, ou les productions contemporaines de Molière dans ce genre. Grâce à lui, à cet humour qui le caractérise, violent ou suggéré, direct ou tout en nuances, elle est devenue très drôle. Une de celles où les critiques étrangers se plaisent à déceler la marque de l' « esprit français ».

LE STYLE

A peu près tous les critiques sont aujourd'hui tombés d'accord pour reconnaître les mérites du style du *Médecin malgré lui*. Une seule réserve a été exprimée assez récemment à propos des « jargonnages » de ses valets et de sa « fausse paysannerie ». Les spécialistes n'ont pas manqué de souligner, au contraire, la justesse du patois employé par ces campagnards. Molière connaissait bien leur langage : la transcription qu'il en propose est authentique. Cette introduction du patois à la scène n'est pas une nouveauté : on « patoisait » déjà à l'acte II de *Dom Juan*. La saveur particulière de cet apport folklorique, loin de nuire à la farce, lui donne du relief, garantit sa véracité.

Les dialogues, eux aussi, sont étonnants de vie. Leur rythme entraîne irrésistiblement l'action. Il suffit de rappeler le mouvement endiablé des deux premières scènes de l'acte premier (la querelle Martine-Sganarelle), la cascade de drôleries accumulées dans les scènes II et IV de l'acte II. Les réparties fusent, s'entrecroisent dans un mouvement qui est celui de la conversation de tous les jours.

S'agit-il de sortir de la « clownerie », de conférer de la gravité à Sganarelle? Le ton change. La phrase prend du volume. D'incisive, elle devient dense, périodique. Et c'est l'ubuesque leçon d'anatomie, l'accumulation du verbiage et sa conclusion inattendue :

« Voilà justement ce qui fait que votre fille est muette... » (acte II, scène IV, ligne III).

C'est le ton exact de la comédie. Molière en possède la maîtrise. De l'accumulation grotesque du latin de cuisine, à la riposte brève, presque monosyllabique, il sait utiliser tous les procédés. Il connaît la valeur des mots, leur portée sur une scène, le jeu d'une syntaxe maîtrisée, soumise aux seuls impératifs du rire. Loin d'être un simple jeu de marionnettes, *le Médecin malgré lui* constitue un remarquable exercice de style.

LA PLACE DE LA PIÈCE
DANS LE THÉÂTRE DE MOLIÈRE

Il ne faut évidemment pas chercher dans *le Médecin malgré lui* la pénétration et la profondeur de l'analyse psychologique qui mettent hors de pair une pièce comme *le Misanthrope*. Pourtant, entre la farce et la grande comédie de Molière, il n'y a que la différence d'un genre : la farce ne saurait offrir toute la richesse de la comédie de mœurs ou de caractère. Genre mineur, elle reste plus proche de l'humanité moyenne, plus accessible au rire universel. Mais Molière lui donne ses lettres de noblesse. Stendhal a cru découvrir en Sganarelle un « caractère ». Il n'avait du moins pas tort de souligner son importance et même sa primauté dans les diverses incarnations de Sganarelle.

L'auteur du *Rouge et le Noir* avoue qu'il ne se lasse pas d'aller rire aux représentations du *Médecin malgré lui*. Son exemple n'a cessé d'être contagieux, et la farce de Molière remporte aujourd'hui encore un succès qui défie le temps : elle reste la favorite des troupes de jeunes ou des théâtres d'essai.

Dans la liste des farces qui va de *la Jalousie du Barbouillé* aux *Fourberies de Scapin*, *le Médecin malgré lui* occupe une place de choix, et, s'il ne prétend pas rivaliser avec les purs chefs-d'œuvre, il appartient à leur famille et n'en est pas indigne. C'est aussi, sans doute, la plus belle réussite de Molière dans la satire médicale, qui, des cabrioles du *Médecin volant*, aboutit au fauteuil du *Malade imaginaire*.

LES
OEVVRES DE
M.r
MOLIERE
TOME I.
F.C.
fe.

Phot. Larousse.

FRONTISPICE DE L'ÉDITION DES ŒUVRES DE MOLIÈRE
PUBLIÉES EN 1666

A gauche, Mascarille. — A droite, Sganarelle.

PERSONNAGES[1]

SGANARELLE	mari de Martine.
MARTINE	femme de Sganarelle.
M. ROBERT	voisin de Sganarelle.
VALÈRE	domestique de Géronte.
LUCAS	mari de Jacqueline.
GÉRONTE	père de Lucinde.
JACQUELINE	nourrice chez Géronte et femme de Lucas.
LUCINDE	fille de Géronte.
LÉANDRE	amant de Lucinde.
THIBAUT	père de Perrin.
PERRIN	fils de Thibaut, paysan.

LA SCÈNE EST À LA CAMPAGNE[2]

---

1. Lors de la première représentation, la distribution était la suivante : Molière : *Sganarelle*. — Mlle de Brie (1630-1706) : *Martine*. — Du Croisy (1630-1695) : *Géronte*. — Armande Béjart, femme de Molière : *Lucinde*. — La Grange : *Léandre* ;
2. Mahelot indique comme accessoires une grande bouteille, deux « battoirs » en bois, trois chaises, un morceau de fromage, des jetons, une bourse. Quant au décor, il se compose en réalité d'une clairière au premier acte et d'une pièce de la maison de Géronte aux actes suivants.

LE MÉDECIN MALGRÉ LUI

ACTE PREMIER

Une forêt près de la maison de Sganarelle.

SCÈNE PREMIÈRE. — SGANARELLE, MARTINE,
paraissant sur le théâtre en se querellant.

SGANARELLE. — Non, je te dis que je n'en veux rien faire,
et que c'est à moi de parler et d'être le maître. (1)

MARTINE. — Et je te dis, moi, que je veux que tu vives à
ma fantaisie, et que je ne me suis point mariée avec toi pour
5 souffrir tes fredaines.

SGANARELLE. — Oh! la grande fatigue que d'avoir une
femme! et qu'Aristote a bien raison, quand il dit[1] qu'une
femme est pire qu'un démon! (2)

MARTINE. — Voyez un peu l'habile homme, avec son benêt
10 d'Aristote!

SGANARELLE. — Oui, habile homme. Trouve-moi un fai-
seur de fagots qui sache, comme moi, raisonner des choses,
qui ait servi six ans un fameux médecin, et qui ait su dans son
jeune âge son rudiment[2] par cœur. (3)

15 MARTINE. — Peste du fou fieffé!

SGANARELLE. — Peste de la carogne[3]!

MARTINE. — Que maudits soient l'heure et le jour où je
m'avisai d'aller dire oui!

---

1. Citation évidemment fantaisiste; 2. *Rudiment :* « Un petit livre qui contient les
premiers principes de la langue latine » (*Dictionnaire de l'Académie*, 1694); 3. *Carogne :*
forme dialectale pour *charogne*.

QUESTIONS

1. Ce « départ » saisissant a frappé les critiques. Qu'en pensez-vous
personnellement? Comment se justifie-t-il? En existe-t-il d'autres exemples
dans le théâtre classique?

2. Déjà, dans *Dom Juan*, Sganarelle, dès la première scène, invoquait
Aristote à propos du tabac. Pourquoi cette nouvelle référence ici?
N'est-elle que comique?

3. Molière a tenu à différencier ce Sganarelle des précédents. Comment?
Quel est son but?

SGANARELLE. — Que maudit soit le bec cornu[1] de notaire
20 qui me fit signer ma ruine!

MARTINE. — C'est bien à toi, vraiment, à te plaindre de
cette affaire! Devrais-tu être un seul moment sans rendre
grâces au ciel de m'avoir pour ta femme? et méritais-tu d'épouser une femme comme moi?

25 SGANARELLE. — Il est vrai que tu me fis trop d'honneur,
et que j'eus lieu de me louer la première nuit de nos[2] noces!
Eh! morbleu[3]! ne me fais point parler là-dessus : je dirais de
certaines choses...

MARTINE. — Quoi! que dirais-tu?

30 SGANARELLE. — Baste[4], laissons là ce chapitre. Il suffit que
nous savons ce que nous savons, et que tu fus bien heureuse
de me trouver. **(4)**

MARTINE. — Qu'appelles-tu bien heureuse de te trouver?
Un homme qui me réduit à l'hôpital, un débauché, un traître,
35 qui me mange tout ce que j'ai?...

SGANARELLE. — Tu as menti; j'en bois une partie.

MARTINE. — Qui me vend, pièce à pièce, tout ce qui est
dans le logis.

SGANARELLE. — C'est vivre de ménage[5].

40 MARTINE. — Qui m'a ôté jusqu'au lit que j'avais!...

SGANARELLE. — Tu t'en lèveras plus matin.

MARTINE. — Enfin qui ne laisse aucun meuble dans toute
la maison.

SGANARELLE. — On en déménage plus aisément.

---

1. *Bec cornu* (de l'ital. *becco cornuto*) : bouc cornu, mari trompé; **2.** Mes (édition de 1734); **3.** Juron, altération de « mort Dieu »; **4.** *Baste :* suffit (troisième personne du singulier du présent du verbe *baster*, suffire); **5.** Réponse équivoque. L'expression veut dire à la fois : « c'est vivre à la façon d'un ménage économe », et « c'est
vivre sur les biens du ménage ». Comparez à Sorel, *le Berger extravagant* (1627) :
« L'on m'a assuré qu'ils vivent de ménage; mais c'est qu'ils vendent le leur pièce
à pièce ».

━━━ QUESTIONS ━━━

4. Le mouvement dans cette discussion. Vous noterez les différents
arguments opposés. — Est-ce par faiblesse que Sganarelle essaie de
couper court à cette querelle?

45 MARTINE. — Et qui, du matin jusqu'au soir, ne fait que jouer et que boire!

SGANARELLE. — C'est pour ne me point ennuyer.

MARTINE. — Et que veux-tu, pendant ce temps, que je fasse avec ma famille?

50 SGANARELLE. — Tout ce qu'il te plaira. (5)

MARTINE. — J'ai quatre pauvres petits enfants sur les bras...

SGANARELLE. — Mets-les à terre.

MARTINE. — Qui me demandent à toute heure du pain.

SGANARELLE. — Donne-leur le fouet. Quand j'ai bien bu 55 et bien mangé, je veux que tout le monde soit saoul[1] dans ma maison.

MARTINE. — Et tu prétends, ivrogne, que les choses aillent toujours de même?

SGANARELLE. — Ma femme, allons tout doucement, s'il vous 60 plaît.

MARTINE. — Que j'endure éternellement tes insolences et tes débauches?

SGANARELLE. — Ne nous emportons point, ma femme.

MARTINE. — Et que je ne sache pas trouver le moyen de te 65 ranger à ton devoir[2]?

SGANARELLE. — Ma femme, vous savez que je n'ai pas l'âme endurante, et que j'ai le bras assez bon.

MARTINE. — Je me moque de tes menaces!

SGANARELLE. — Ma petite femme, ma mie[3], votre peau vous 70 démange, à votre ordinaire. (6)

MARTINE. — Je te montrerai bien que je ne te crains nullement.

---

1. *Saoul* : gavé, repu; **2.** De t'amener à faire ton devoir; **3.** *Ma mie* se substitua rapidement à la forme primitive *m'amie*. Le terme s'emploie familièrement.

───────── **QUESTIONS** ─────────

5. De quelles qualités Sganarelle fait-il preuve devant la colère de sa femme? — Quels nouveaux traits s'ajoutent à son personnage à travers les reproches de Martine?

6. L'ironie de Sganarelle. Essayez d'en préciser la valeur et l'intérêt.

SGANARELLE. — Ma chère moitié, vous avez envie de me dérober quelque chose[1].

MARTINE. — Crois-tu que je m'épouvante de tes paroles?

75 SGANARELLE. — Doux objet de mes vœux, je vous frotterai les oreilles.

MARTINE. — Ivrogne que tu es!

SGANARELLE. — Je vous battrai.

MARTINE. — Sac à vin!

80 SGANARELLE. — Je vous rosserai.

MARTINE. — Infâme!

SGANARELLE. — Je vous étrillerai[2].

MARTINE. — Traître, insolent, trompeur, lâche, coquin, pendard, gueux, bélître[3], fripon, maraud, voleur!...

85 SGANARELLE *(Il prend un bâton, et lui en donne.)* — Ah! vous en voulez donc?

MARTINE, *criant.* — Ah! ah! ah! ah!

SGANARELLE. — Voilà le vrai moyen de vous apaiser. (7)

Scène II. — MONSIEUR ROBERT, SGANARELLE, MARTINE

MONSIEUR ROBERT. — Holà! holà! holà! Fi! Qu'est ceci? Quelle infamie! Peste soit le coquin de battre ainsi sa femme! (8)

---

1. Allusion au vieux dicton repris dans *la Comédie des Proverbes*, d'Adrien de Montluc : « Si tu m'importunes davantage, tu me déroberas un soufflet; » 2. *Étriller :* frotter avec l'étrille, instrument de fer avec lequel on racle la crasse qui s'est attachée au pelage des chevaux; 3. *Bélître :* « Coquin, gueux, homme de néant » (*Dictionnaire de l'Académie*, 1694).

QUESTIONS

7. SUR L'ENSEMBLE DE LA SCÈNE PREMIÈRE. — Le mouvement de cette scène. Caractérisez son « allure ». A quoi tient-elle particulièrement?
— Deux langages, deux caractères. Vous essaierez de montrer ce qui différencie essentiellement Martine de Sganarelle dans leur comportement réciproque.
— Analysez les sources du comique dans cette scène : situation, vocabulaire, répliques.

8. M. Robert n'intervient-il que comme témoin du dernier moment? N'a-t-il pas surpris les propos de Martine?

MARTINE, *les mains sur les côtés, lui parle en le faisant reculer, et à la fin lui donne un soufflet.* — Et je veux qu'il me batte, moi.

5 MONSIEUR ROBERT. — Ah! j'y consens de tout mon cœur.

MARTINE. — De quoi vous mêlez-vous?

MONSIEUR ROBERT. — J'ai tort.

MARTINE. — Est-ce là votre affaire?

MONSIEUR ROBERT. — Vous avez raison.

10 MARTINE. — Voyez un peu cet impertinent, qui veut empêcher les maris de battre leurs femmes!

MONSIEUR ROBERT. — Je me rétracte.

MARTINE. — Qu'avez-vous à voir là-dessus?

MONSIEUR ROBERT. — Rien.

15 MARTINE. — Est-ce à vous d'y mettre le nez?

MONSIEUR ROBERT. — Non.

MARTINE. — Mêlez-vous de vos affaires.

MONSIEUR ROBERT. — Je ne dis plus mot.

MARTINE. — Il me plaît d'être battue. **(9)**

20 MONSIEUR ROBERT. — D'accord.

MARTINE. — Ce n'est pas à vos dépens.

MONSIEUR ROBERT. — Il est vrai.

MARTINE. — Et vous êtes un sot de venir vous fourrer où vous n'avez que faire.

25 MONSIEUR ROBERT. *Il passe ensuite vers le mari, qui pareillement lui parle toujours en le faisant reculer, le frappe avec le même bâton et le met en fuite; il dit à la fin:*

Compère, je vous demande pardon de tout mon cœur. Faites, rossez, battez comme il faut votre femme; je vous aiderai si 30 vous le voulez. **(10)**

─────── **QUESTIONS** ───────

9. Pourquoi ce revirement total de Martine? Quel trait ajoute-t-il à son caractère? Peut-on en prévoir l'incidence sur le développement de l'action? Quel mot peut résumer cette nouvelle situation?

10. Que pensez-vous de la réaction de M. Robert? Vous semble-t-elle naturelle?

SGANARELLE. — Il ne me plaît pas, moi.

MONSIEUR ROBERT. — Ah! c'est une autre chose.

SGANARELLE. — Je la veux battre, si je le veux; et ne la veux pas battre, si je ne le veux pas.

35 MONSIEUR ROBERT. — Fort bien.

SGANARELLE. — C'est ma femme, et non pas la vôtre.

MONSIEUR ROBERT. — Sans doute.

SGANARELLE. — Vous n'avez rien à me commander.

MONSIEUR ROBERT. — D'accord.

40 SGANARELLE. — Je n'ai que faire de votre aide.

MONSIEUR ROBERT. — Très volontiers.

SGANARELLE. — Et vous êtes un impertinent de vous ingérer[1] des affaires d'autrui. Apprenez que Cicéron dit qu'entre l'arbre et le doigt il ne faut point mettre l'écorce[2]. *(Il bat Mon-*
45 *sieur Robert et le chasse. Ensuite il revient vers sa femme, et lui dit, en lui pressant la main[3])* :
Oh çà! faisons la paix nous deux. Touche là[4]. **(11)**

MARTINE. — Oui, après m'avoir ainsi battue!

SGANARELLE. — Cela n'est rien, touche.

50 MARTINE. — Je ne veux pas.

SGANARELLE. — Eh?

MARTINE. — Non.

SGANARELLE. — Ma petite femme!

---

1. *S'ingérer de :* se mêler de. Nous préférons maintenant l'emploi de la préposition *dans* avec ce verbe, mais, au XVIIᵉ siècle, les deux emplois étaient également en usage; 2. Le proverbe est cité de façon absurde : entre l'arbre et l'écorce il ne faut pas mettre le doigt; 3. L'édition de 1734 coupe ici la scène et fait une scène III jusqu'à *un cent de fagots.* La scène III devient IV, etc; 4. *Touche* ma main (en signe de réconciliation).

--------- QUESTIONS ---------

11. Après Martine, Sganarelle prend le relais pour « remettre à sa place » M. Robert. Le fait-il aussi habilement? Pourquoi, une fois de plus, fait-il appel à une prétendue citation? Que pensez-vous de la paix qu'il sollicite? Est-ce de sa part faiblesse, amour, raison ou habileté?

MARTINE. — Point.

55 SGANARELLE. — Allons, te dis-je.

MARTINE. — Je n'en ferai rien.

SGANARELLE. — Viens, viens, viens.

MARTINE. — Non; je veux être en colère.

SGANARELLE. — Fi! c'est une bagatelle (12). Allons, allons.

60 MARTINE. — Laisse-moi là.

SGANARELLE. — Touche, te dis-je.

MARTINE. — Tu m'as trop maltraitée.

SGANARELLE. — Eh bien, va, je te demande pardon; mets là ta main.

65 MARTINE. — Je te pardonne. *(Elle dit le reste bas.)* Mais tu le payeras. (13)

SGANARELLE. — Tu es une folle de prendre garde à cela : ce sont petites choses qui sont de temps en temps nécessaires dans l'amitié, et cinq ou six coups de bâton, entre gens qui 70 s'aiment, ne font que ragaillardir[1] l'affection (14). Va, je m'en vais au bois, et je te promets aujourd'hui plus d'un cent de fagots. (15)

Scène III. — MARTINE, *seule.*

Va, quelque mine que je fasse, je n'oublie pas mon ressentiment[2], et je brûle en moi-même de trouver les moyens de

---

1. *Ragaillardir :* raviver; 2. *Ressentiment :* rancune. Le mot se dit des sentiments qu'on témoigne en retour de ceux dont on est l'objet; mais il s'applique beaucoup plus souvent aux sentiments d'antipathie qu'à ceux de sympathie.

——— QUESTIONS ———

12. Sganarelle essaie de minimiser sa faute. Appréciez le mot qu'il emploie.

13. La duplicité de Martine. Vous semble-t-elle justifiée? L'approuvez-vous?

14. Ce moyen de *ragaillardir l'affection* ne vous semble-t-il pas un peu singulier? Dans quel dessein Sganarelle l'invoque-t-il?

15. SUR L'ENSEMBLE DE LA SCÈNE II. — On a souvent noté l'opposition absolue de cette scène avec la précédente. Essayez d'en dégager les éléments. Quel en est l'effet sur le spectateur? N'a-t-elle pour objet que le rire?

te punir des coups que tu me donnes. Je sais bien qu'une
femme a toujours dans les mains de quoi se venger d'un mari,
5 mais c'est une punition trop délicate pour mon pendard,
je veux une vengeance qui se fasse un peu mieux sentir; et
ce n'est pas contentement pour l'injure que j'ai reçue. **(16)**

SCÈNE IV. — VALÈRE, LUCAS, MARTINE.

LUCAS. — Parguienne[1]! J'avons pris là tous deux une guèble[2]
de commission; et je ne sais pas, moi, ce que je pensons attraper.

VALÈRE. — Que veux-tu, mon pauvre nourricier[3]? il faut
bien obéir à notre maître : et puis, nous avons intérêt, l'un et
5 l'autre, à la santé de sa fille, notre maîtresse; et sans doute son
mariage, différé par sa maladie, nous vaudrait quelque récompense. Horace, qui est libéral, a bonne part aux prétentions
qu'on peut avoir sur sa personne; et, quoiqu'elle ait fait voir
de l'amitié[4] pour un certain Léandre, tu sais bien que son père
10 n'a jamais voulu consentir à le recevoir pour son gendre.

MARTINE, *rêvant à part elle*. — Ne puis-je point trouver
quelque invention pour me venger?

LUCAS. — Mais quelle fantaisie s'est-il boutée[5] là dans la
tête, puisque les médecins y avont tous perdu leur latin?

15 VALÈRE. — On trouve quelquefois, à force de chercher, ce
qu'on ne trouve pas d'abord; et souvent en de simples lieux. **(17)**

MARTINE. — Oui, il faut que je me venge, à quelque prix que
ce soit. Ces coups de bâton me reviennent au cœur, je ne les
saurais digérer; et... (*Elle dit tout ceci en rêvant, de sorte que,*
20 *ne prenant pas garde à ces deux hommes, elle les heurte en se*
retournant, et leur dit :) Ah! Messieurs, je vous demande par-

---

1. *Parguienne* : juron paysan, altération de « Par Dieu! »; **2.** *Guèble* : diable,
prononciation dialectale; **3.** Lucas est le mari de Jacqueline, nourrice chez Géronte;
4. *Amitié* : tendresse; **5.** *Bouter* : mettre, placer; le *Dictionnaire de l'Académie* de
1694 considère déjà le mot comme vulgaire et démodé.

———— **QUESTIONS** ————

16. Que nous apprend encore ce monologue sur le caractère de Martine? En quoi vous semble-t-il important pour la suite de l'action?

17. D'après le langage de Lucas et celui de Valère, que pouvez-vous
deviner de leurs occupations, de leur caractère?

don; je ne vous voyais pas, et cherchais dans ma tête quelque
chose qui m'embarrasse. **(18)**

VALÈRE. — Chacun a ses soins[1] dans le monde, et nous
25 cherchons aussi ce que nous voudrions bien trouver.

MARTINE. — Serait-ce quelque chose où je vous puisse aider?

VALÈRE. — Cela se pourrait faire; et nous tâchons de rencontrer quelque habile homme, quelque médecin particulier
qui pût donner quelque soulagement à la fille de notre maître,
30 attaquée d'une maladie qui lui a ôté tout d'un coup l'usage
de la langue. Plusieurs médecins ont déjà épuisé toute leur
science après elle; mais on trouve parfois des gens avec des
secrets admirables, de certains remèdes particuliers, qui font
le plus souvent ce que les autres n'ont su faire; et c'est là ce
35 que nous cherchons.

MARTINE *(Elle dit ces deux premières lignes bas.)* — Ah!
que le ciel m'inspire une admirable invention pour me venger
de mon pendard. *(Haut.)* Vous ne pouviez jamais vous mieux
adresser pour rencontrer ce que vous cherchez; et nous avons
40 ici un homme, le plus merveilleux homme du monde pour les
maladies désespérées. **(19)**

VALÈRE. — Et, de grâce, où pouvons-nous le rencontrer?

MARTINE. — Vous le trouverez maintenant vers ce petit lieu
que voilà, qui s'amuse à couper du bois.

45 LUCAS. — Un médecin qui coupe du bois!

VALÈRE. — Qui s'amuse à cueillir des simples[2], voulez-vous
dire?

MARTINE. — Non; c'est un homme extraordinaire qui se
plaît à cela, fantasque, bizarre, quinteux[3], et que vous ne

---

1. *Soins* : soucis. Le terme, à l'époque de Molière, avait de très nombreux emplois;
2. *Cueillir des simples* : herboriser. Les *simples* sont des plantes médicinales. Le mot
est une ellipse de « simple médecine »; **3.** *Quinteux* : capricieux (se disait des chevaux ombrageux).

——— **QUESTIONS** ———

18. Nous sommes en pleine convention : Martine parle comme si
elle était seule. Ce procédé vous choque-t-il? L'avez-vous déjà noté,
même dans la tragédie classique?

19. Cette réplique ajoute un nouveau trait de caractère à Martine.
Lequel?

50 prendriez jamais pour ce qu'il est. Il va vêtu d'une façon extra-
vagante (20), affecte quelquefois de paraître ignorant, tient
sa science renfermée, et ne fuit[1] rien tant tous les jours que
d'exercer les merveilleux talents qu'il a eus du Ciel pour la
médecine.

55 VALÈRE. — C'est une chose admirable que tous les grands
hommes ont toujours du caprice, quelque petit grain de folie
mêlé à leur science[2]. (21)

MARTINE. — La folie de celui-ci est plus grande qu'on ne
peut croire, car elle va parfois jusqu'à vouloir être battu pour
60 demeurer d'accord de sa capacité[3]; et je vous donne avis que
vous n'en viendrez pas à bout, qu'il n'avouera jamais qu'il
est médecin, s'il se le met en fantaisie[4], que[5] vous ne preniez
chacun un bâton, et ne le réduisiez, à force de coups, à vous
confesser à la fin ce qu'il vous cachera d'abord. C'est ainsi
65 que nous en usons quand nous avons besoin de lui. (22)

VALÈRE. — Voilà une étrange folie!

MARTINE. — Il est vrai; mais, après cela, vous verrez qu'il
fait des merveilles.

VALÈRE. — Comment s'appelle-t-il?

70 MARTINE. — Il s'appelle Sganarelle. Mais il est aisé à
connaître[6] : c'est un homme qui a une large barbe noire[7],
et qui porte une fraise, avec un habit jaune et vert.

---

1. *Fuir de* : éviter de; 2. Sénèque *(De tranquillitate animi)* avait déjà souligné
cette réflexion d'Aristote : « Si nous en croyons Aristote, écrit-il, il n'y a pas de
grand esprit sans mélange de folie »; 3. Pour reconnaître ce dont il est capable;
4. *S'il se le met en fantaisie* : s'il lui prend fantaisie de cela; 5. *Que* : à moins que;
6. *Connaître* : reconnaître; 7. Ce n'est pas une barbe à proprement parler, mais de
longues moustaches tombantes; c'est sous cette apparence que Molière joue tous
ses rôles au début de sa carrière. Il avait toutefois, la même année, abandonné ce
grimage pour jouer Alceste du *Misanthrope*.

———— **QUESTIONS** ————————

20. Le costume de Sganarelle, « jaune et vert », et la fraise qui l'accompagne étaient déjà risibles. Pourquoi? Essayez de retrouver une description d'autres costumes prêtés par Molière à quelques-uns des grands
personnages de ses comédies. Efforcez-vous de trouver à travers eux une
intention du poète-comédien et metteur en scène.

21. En se livrant à ces réflexions, Valère ne répète-t-il pas des propos
souvent entendus? Ce thème n'éveille-t-il pas chez vous quelques rémi-
niscences?

22. Le style de cette tirade est à dessein heurté. Essayez de le montrer
et d'en trouver les raisons. Quel effet produit-il?

LUCAS. — Un habit jaune et vart! C'est donc le médecin des paroquets[1]?

75 VALÈRE. — Mais est-il bien vrai qu'il soit si habile que vous le dites?

MARTINE. — Comment! c'est un homme qui fait des miracles. Il y a six mois qu'une femme fut abandonnée de tous les autres médecins : on la tenait morte[2] il y avait déjà six heures, et
80 l'on se disposait à l'ensevelir, lorsqu'on y fit venir de force l'homme dont nous parlons. Il lui mit, l'ayant vue, une petite goutte de je ne sais quoi dans la bouche; et, dans le même instant[3], elle se leva de son lit et se mit aussitôt à se promener dans sa chambre comme si de rien n'eût été.

85 LUCAS. — Ah!

VALÈRE. — Il fallait que ce fût quelque goutte d'or potable[4].

MARTINE. — Cela pourrait bien être. Il n'y a pas trois semaines encore qu'un jeune enfant de douze ans tomba du haut du clocher en bas, et se brisa sur le pavé la tête, les bras et les jambes.
90 On n'y eut pas plutôt amené notre homme, qu'il le frotta par tout le corps d'un certain onguent qu'il sait faire; et l'enfant aussitôt se leva sur ses pieds et courut jouer à la fossette[5]. (23)

LUCAS. — Ah!

VALÈRE. — Il faut que cet homme-là ait la médecine uni-
95 verselle[6].

MARTINE. — Qui en doute?

LUCAS. — Testigué[7]! vela justement l'homme qu'il nous faut. Allons vite le chercher.

VALÈRE. — Nous vous remercions du plaisir que vous nous
100 faites.

MARTINE. — Mais souvenez-vous bien au moins de l'avertissement que je vous ai donné.

---

1. Perroquets; 2. *Tenir morte :* considérer comme morte; 3. Au même moment; 4. *Or potable :* breuvage merveilleux dont on parle assez souvent au XVIIᵉ siècle. Il consistait en un mélange d'huile et de chlorure d'or en solution. On en connaissait diverses recettes; 5. *Fossette :* jeu qui consiste à jeter une poignée de billes dans un petit trou *(fossette).* Le gagnant est celui qui en met le plus dans le trou; 6. Ait un remède universel qui guérit de tout; 7. *Testigué :* juron, altération dialectale de *tétebleu* (pour « tête Dieu »).

QUESTIONS

23. A quel genre appartiennent ces histoires?

2

LUCAS. — Eh! morguenne[1]! laissez-nous faire : s'il ne tient qu'à battre, la vache est à nous[2].

105 VALÈRE, *à Lucas*. — Nous sommes bien heureux d'avoir fait cette rencontre; et j'en conçois, pour moi, la meilleure espérance du monde. **(24)**

SCÈNE V. — SGANARELLE, VALÈRE, LUCAS.

SGANARELLE *entre sur le théâtre en chantant et tenant une bouteille.* — La, la, la...

VALÈRE. — J'entends quelqu'un qui chante, et qui coupe du bois.

5 SGANARELLE. — La, la, la... Ma foi, c'est assez travaillé pour boire un coup. Prenons un peu d'haleine. *(Il boit et dit après avoir bu :)* Voilà du bois qui est salé[3] comme tous les diables. *(Il chante.)*

Qu'ils sont doux,
10 Bouteille jolie,
Qu'ils sont doux,
Vos petits glouglous!
Mais mon sort ferait bien des jaloux,
Si vous étiez toujours remplie.
15 Ah! bouteille, ma mie,
Pourquoi vous videz-vous[4]? **(25)**

Allons, morbleu[5]! il ne faut point engendrer de mélancolie.

VALÈRE, *bas, à Lucas.* — Le voilà lui-même.

---

1. *Morguenne* : juron, altération dialectale de *morbleu* (atténuation de « mort de Dieu »); 2. Dicton populaire; 3. *Du bois salé* : du bois qui donne soif après avoir été coupé. Rabelais dit déjà, à propos de Gargantua (livre L, chapitre XXII), qu'il « dort salé »; 4. Chanson populaire dont la musique fut composée par Lully; 5. *Morbleu* : voir plus haut, note 1.

---- QUESTIONS ----

24. SUR L'ENSEMBLE DE LA SCÈNE IV. — En quoi le patois employé par Lucas ajoute-t-il au comique de cette scène? Quels autres exemples en connaissez-vous dans l'œuvre de Molière?
— Cette scène ne vous semble-t-elle pas plus caractéristique de la « farce » que les deux précédentes? Comment?
— Qu'avons-nous appris de nouveau sur Martine?

25. La chanson populaire dans le théâtre de Molière. Vous essaierez de retrouver celles du *Misanthrope* et du *Bourgeois gentilhomme* et les rapprocherez. — Pourquoi Molière les introduit-il dans ses pièces? Pourquoi puise-t-il si volontiers dans le fonds populaire?

LUCAS, *bas, à Valère.* — Je pense que vous dites vrai, et que
20 j'avons bouté[1] le nez dessus.

VALÈRE. — Voyons de près.

SGANARELLE, *les apercevant, les regarde en se tournant vers
l'un puis vers l'autre, et abaissant sa voix, dit en embrassant sa
bouteille.* — Ah! ma petite friponne! que je t'aime, mon petit
25 bouchon! *(Il chante.)*

Mais mon sort... ferait... bien des jaloux,
Si...

Que diable! à qui en veulent ces gens-là?

VALÈRE, *à Lucas.* — C'est lui assurément.

30 LUCAS, *à Valère.* — Le vela tout craché comme on nous l'a
défiguré[2].

SGANARELLE, *à part.* — (*Ici, il pose sa bouteille à terre et,
Valère se baissant pour le saluer, comme il croit que c'est à
dessein de la prendre, il la met de l'autre côté; en suite de quoi,
35 Lucas faisant la même chose, il la reprend et la tient contre son
estomac, avec divers gestes qui font un grand jeu de théâtre.*)
Ils consultent[3] en me regardant. Quel dessein auraient-ils?

VALÈRE. — Monsieur, n'est-ce pas vous qui vous appelez
Sganarelle?

40 SGANARELLE. — Eh! quoi?

VALÈRE. — Je vous demande si ce n'est pas vous qui se
nomme[4] Sganarelle.

SGANARELLE, *se tournant vers Valère, puis vers Lucas.* —
Oui et non, selon ce que vous lui voulez.

45 VALÈRE. — Nous ne voulons que lui faire toutes les civilités
que nous pourrons.

SGANARELLE. — En ce cas, c'est moi qui se nomme Sganarelle. (26)

---

1. *Bouter* : voir p. 32, note 5; 2. *Dépeint* (confusion plaisante); 3. *Consulter* :
réfléchir; 4. Qui vous nommez, Tournure incorrecte aujourd'hui, mais qui est, au
temps de Molière, une tournure populaire, et non une faute de syntaxe. L'accord
du verbe se fait par attraction avec le nom attribut *(Sganarelle)*, terme de la 3e personne.

───── ■ QUESTIONS ─────

26. Pourquoi cette réponse est-elle comique? Que nous révèle-t-elle
du courage de Sganarelle?

VALÈRE. — Monsieur, nous sommes ravis de vous voir. On
50 nous a adressés à vous pour ce que nous cherchons; et nous
venons implorer votre aide, dont nous avons besoin.

SGANARELLE. — Si c'est quelque chose, Messieurs, qui
dépende de mon petit négoce, je suis tout prêt à vous rendre
service.

55 VALÈRE. — Monsieur, c'est trop de grâce que vous nous
faites. Mais, Monsieur, couvrez-vous, s'il vous plaît; le soleil
pourrait vous incommoder.

LUCAS. — Monsieu, boutez dessus[1].

SGANARELLE, à part. — Voici des gens bien pleins de céré-
60 monie. (Il se couvre.)

VALÈRE. — Monsieur, il ne faut pas trouver étrange que
nous venions à vous : les habiles gens sont toujours recherchés,
et nous sommes instruits de votre capacité.

SGANARELLE. — Il est vrai, Messieurs, que je suis le premier
65 homme du monde pour faire des fagots.

VALÈRE. — Ah! Monsieur!

SGANARELLE. — Je n'y épargne aucune chose, et les fais
d'une façon qu'il n'y a rien à dire.

VALÈRE. — Monsieur, ce n'est pas cela dont il est question.

70 SGANARELLE. — Mais aussi je les vends cent dix sols le cent.

VALÈRE. — Ne parlons point de cela, s'il vous plaît.

SGANARELLE. — Je vous promets que je ne saurais les donner
à moins.

VALÈRE. — Monsieur, nous savons les choses.

75 SGANARELLE. — Si vous savez les choses, vous savez que je
les vends cela.

VALÈRE. — Monsieur, c'est se moquer que...

SGANARELLE. — Je ne me moque point, je n'en puis rien
rabattre.

------

1. *Boutez dessus :* couvrez-vous (proprement : « mettez dessus »).

80   VALÈRE. — Parlons d'autre façon, de grâce.

SGANARELLE. — Vous en pourrez trouver autre part à moins : il y a fagots et fagots; mais pour ceux que je fais...

VALÈRE. — Eh! Monsieur, laissons là ce discours.

SGANARELLE. — Je vous jure que vous ne les auriez pas, s'il
85 s'en fallait un double[1].

VALÈRE. — Eh! fi!

SGANARELLE. — Non, en conscience; vous en payerez cela. Je vous parle sincèrement, et ne suis pas homme à surfaire. (27)

VALÈRE. — Faut-il, Monsieur, qu'une personne comme vous
90 s'amuse à ces grossières feintes, s'abaisse à parler de la sorte! qu'un homme si savant, un fameux médecin comme vous êtes, veuille se déguiser aux yeux du monde, et tenir enterrés les beaux talents qu'il a!

SGANARELLE, *à part.* — Il est fou.

95   VALÈRE. — De grâce, Monsieur, ne dissimulez point avec nous.

SGANARELLE. — Comment?

LUCAS. — Tout ce tripotage ne sart de rian; je savons ce que je savons[2].

SGANARELLE. — Quoi donc! que me voulez-vous dire? Pour
100 qui me prenez-vous?

VALÈRE. — Pour ce que vous êtes, pour un grand médecin.

SGANARELLE. — Médecin vous-même; je ne le suis point, et je ne l'ai jamais été.

VALÈRE, *bas.* — Voilà sa folie qui le tient. *(Haut.)* Monsieur,
105 ne veuillez point nier les choses davantage; et n'en venons point, s'il vous plaît, à de fâcheuses extrémités.

SGANARELLE. — A quoi donc?

---

1. *Un double* (denier) : un sou valait douze deniers. On dirait aujourd'hui : s'il s'en fallait d'un double ; 2. Tout ce tripotage ne sert de rien; je sais ce que je sais.

——— QUESTIONS ———

27. Le quiproquo est complet. Expliquez-le. Quelle est sa valeur comique? En connaissez-vous d'autres aussi parfaits dans le théâtre de Molière?

VALÈRE. — A de certaines choses dont nous serions marris[1].

SGANARELLE. — Parbleu! venez-en à tout ce qu'il vous plaira;
110 je ne suis point médecin, et ne sais ce que vous me voulez
dire. **(28)**

VALÈRE, *bas.* — Je vois bien qu'il faut se servir du remède.
(Haut.) Monsieur, encore un coup, je vous prie d'avouer ce
que vous êtes.

115 LUCAS. — Eh! testigué[2]! ne lantiponez[3] point davantage, et
confessez à la franquette[4] que v's[5] êtes médecin.

SGANARELLE, *à part.* — J'enrage!

VALÈRE. — A quoi bon nier ce qu'on sait?

LUCAS. — Pourquoi toutes ces fraimes[6]-là? A quoi est-ce
120 que ça vous sart[7]?

SGANARELLE. — Messieurs, en un mot autant qu'en deux
mille, je vous dis que je ne suis point médecin.

VALÈRE. — Vous n'êtes point médecin?

SGANARELLE. — Non.

125 LUCAS. — V'n'êtes pas médecin?

SGANARELLE. — Non, vous dis-je!

VALÈRE. — Puisque vous le voulez, il faut donc s'y résoudre.
(Ils prennent un bâton et le frappent.)

SGANARELLE. — Ah! Ah! Messieurs! je suis tout ce qu'il
130 vous plaira.

VALÈRE. — Pourquoi, Monsieur, nous obligez-vous à cette
violence?

LUCAS. — A quoi bon nous bailler[8] la peine de vous battre?

---

1. *Marris* : navrés, contrariés; 2. Juron, altération dialectale de « tête Dieu »;
3. *Lantiponer* : lanterner, « tenir des discours frivoles, inutiles et superflus » (*Dictionnaire de Furetière*, 1690); 4. *A la franquette*, ou *à la bonne franquette* : sans détours,
sans façons; 5. Vous; 6. *Fraimes*, prononciation dialectale de *frimes* : grimaces
inutiles; 7. Sert; 8. *Bailler* : accorder.

--- **QUESTIONS** ---

28. Que pensez-vous du courage de Sganarelle? En réalité a-t-il la
possibilité d'agir autrement?

VALÈRE. — Je vous assure que j'en ai tous les regrets du monde.

LUCAS. — Par ma figué[1]! j'en sis fâché franchement.

SGANARELLE. — Que diable est ceci, Messieurs? De grâce, est-ce pour rire ou si tous deux vous extravaguez, de vouloir que je sois médecin?

VALÈRE. — Quoi! vous ne vous rendez pas encore, et vous vous défendez d'être médecin?

SGANARELLE. — Diable emporte[2] si je le suis!

LUCAS. — Il n'est pas vrai qu'ous sayez[3] médecin?

SGANARELLE. — Non, la peste m'étouffe! *(Là, ils recommencent de le battre.)* Ah! ah! Eh bien, Messieurs, oui, puisque vous le voulez, je suis médecin, je suis médecin; apothicaire encore, si vous le trouvez bon. J'aime mieux consentir à tout que de me faire assommer. **(29)**

VALÈRE. — Ah! voilà qui va bien, Monsieur : je suis ravi de vous voir raisonnable.

LUCAS. — Vous me boutez[4] la joie au cœur, quand je vous vois parler comme ça.

VALÈRE. — Je vous demande pardon de toute mon âme.

LUCAS. — Je vous demandons excuse de la liberté que j'avons prise[5].

SGANARELLE, *à part.* — Ouais! serait-ce bien moi qui me tromperais, et serais-je devenu médecin sans m'en être aperçu? **(30)**

VALÈRE. — Monsieur, vous ne vous repentirez pas de nous montrer ce que vous êtes; et vous verrez assurément que vous en serez satisfait.

---

1. Par ma figure; 2. Que le diable m'emporte; 3. Que vous soyez; 4. *Bouter :* voir note 5, page 32; 5. Nous vous demandons pardon de la liberté que nous avons prise.

─────── **QUESTIONS** ───────

29. Seriez-vous de l'avis de Sganarelle? En quoi consiste le comique de cette tirade?

30. Cocasserie ou hébétude? Comment qualifiez-vous cette riposte?

SGANARELLE. — Mais, Messieurs, dites-moi, ne vous trompez-vous point vous-mêmes? Est-il bien assuré que je sois médecin?

LUCAS. — Oui, par ma figué[1]!

165 SGANARELLE. — Tout de bon?

VALÈRE. — Sans doute.

SGANARELLE. — Diable emporte si je le savais!

VALÈRE. — Comment! vous êtes le plus habile médecin du monde.

170 SGANARELLE. — Ah! ah!

LUCAS. — Un médecin qui a guéri je ne sais combien de maladies.

SGANARELLE. — Tudieu[2]!

VALÈRE. — Une femme était tenue[3] pour morte il y avait 175 six heures; elle était prête à ensevelir, lorsque, avec une goutte de quelque chose, vous la fîtes revenir et marcher d'abord[4] par la chambre.

SGANARELLE. — Peste!

LUCAS. — Un petit enfant de douze ans se laissit choir du 180 haut d'un clocher, de quoi il eut la tête, les jambes et les bras cassés : et vous, avec je ne sais quel onguent, vous fîtes qu'aussitôt il se relevit sur ses pieds, et s'en fut jouer à la fossette[5]. (31)

SGANARELLE. — Diantre!

185 VALÈRE. — Enfin, Monsieur, vous aurez contentement avec nous et vous gagnerez ce que vous voudrez, en vous laissant conduire où nous prétendons vous mener.

SGANARELLE. — Je gagnerai ce que je voudrai?

VALÈRE. — Oui.

190 SGANARELLE. — Ah! je suis médecin, sans contredit (32). Je

1. Voir page 41, note 1; 2. *Tudieu* : juron, altération de « Tue Dieu »; 3. Considérée comme. Voir page 35, note 2; 4. *D'abord* : aussitôt; 5. *Fossette* : voir page 35, note 5.

——— QUESTIONS ———

31. Comparez ce récit à celui de Martine, page 35. Qu'ont-ils de différent au point de vue de la langue en particulier?

32. Vous apprécierez la valeur de ce changement brusque d'attitude et du motif qui la détermine.

l'avais oublié; mais je m'en ressouviens. De quoi est-il question?
Où faut-il se transporter?

VALÈRE. — Nous vous conduirons. Il est question d'aller
voir une fille qui a perdu la parole.

195 SGANARELLE. — Ma foi, je ne l'ai pas trouvée. **(33)**

VALÈRE, *bas, à Lucas*. — Il aime à rire. *(A Sganarelle.)*
Allons, Monsieur.

SGANARELLE. — Sans une robe de médecin?

VALÈRE. — Nous en prendrons une.

200 SGANARELLE, *présentant sa bouteille à Valère*. — Tenez cela,
vous : voilà où je mets mes juleps[1]. *(Puis se tournant vers Lucas
en crachant.)* Vous, marchez là-dessus, par ordonnance du
médecin. **(34)**

LUCAS. — Palsanguenne[2]! v'là un médecin qui me plaît; je
205 pense qu'il réussira, car il est bouffon[3]. **(35) (36)**

ACTE II

Une chambre de la maison de Géronte.

Scène première. — GÉRONTE, VALÈRE, LUCAS, JACQUELINE

VALÈRE. — Oui, Monsieur, je crois que vous serez satisfait;
et nous vous avons amené le plus grand médecin du monde.

---

1. *Julep* : potion douce et agréable; 2. Déformation de *palsambleu* (« par le sang
de Dieu »); 3. On a vu longtemps dans cette réplique une allusion de Molière aux
insuccès de ses grandes pièces, *le Misanthrope* en particulier. Lucas semblerait dire :
« Cette pièce plaira, car elle est bouffonne. » On considère plutôt maintenant que
c'est une simple réflexion amusante de paysan.

━━━ QUESTIONS ━━━

33. A quelle sorte de comique rattachez-vous cette phrase?
34. Sganarelle est redevenu drôle. Montrez-le d'après ces deux répliques.
35. SUR L'ENSEMBLE DE LA SCÈNE V. — Soulignez le schématisme des
personnages en présence. Comment ce procédé facilite-t-il le comique?
le rythme rapide de l'action?
— La réaction de Sganarelle aux sollicitations dont il est l'objet :
comment est-elle préparée par son attitude lorsqu'il se croit seul?
Comparez-la avec le schéma qu'avait prévu Martine.
36. SUR L'ENSEMBLE DE L'ACTE PREMIER. — René Bray qualifie ainsi
ce premier acte : « Une exposition en action », et note : « Cette petite
comédie, préalable à la grande, non seulement nous fait connaître les
protagonistes, mais nous introduit dans les événements. » Justifiez cette
opinion.

LUCAS. — Oh! morguenne[1]! il faut tirer l'échelle après ceti-là, et tous les autres ne sont pas daignes de li déchausser ses souillez[2].

VALÈRE. — C'est un homme qui a fait des cures merveilleuses.

LUCAS. — Qui a gari[3] des gens qui estiants[4] morts.

VALÈRE. — Il est un peu capricieux, comme je vous ai dit; et, parfois, il a des moments où son esprit s'échappe, et ne paraît pas ce qu'il est.

LUCAS. — Oui, il aime à bouffonner, et l'an dirait parfois, ne v's en déplaise, qu'il a quelque petit coup de hache à la tête[5].

VALÈRE. — Mais, dans le fond, il est tout science; et bien souvent il dit des choses tout à fait relevées[6].

LUCAS. — Quand il s'y boute[7], il parle tout fin drait[8] comme s'il lisait dans un livre.

VALÈRE. — Sa réputation s'est déjà répandue ici; et tout le monde vient à lui. (1)

GÉRONTE. — Je meurs d'envie de le voir; faites-le-moi vite venir.

VALÈRE. — Je vais le querir[9].

JACQUELINE. — Par ma fi[10], Monsieur, ceti-ci fera justement ce qu'ant fait les autres. Je pense que ce sera queussi queumi[11], et la meilleure médeçaine que l'an pourrait bailler à votre

---

1. *Morguenne* : voir page 36, note 1; 2. Dignes de lui déchausser ses souliers; 3. Guéri; 4. Étaient; 5. *Un coup de hache à la tête*, et non, comme l'expression habituelle, *un coup de marteau*, car il s'agit ici d'un bûcheron; 6. *Relevées* : supérieures; 7. Voir page 32, note 5; 8. *Tout fin drait* : de la même façon que; 9. *Querir* : chercher; 10. Par ma foi; 11. *Queussi queumi* : tout à fait la même chose; tout comme.

=== **QUESTIONS** ===

1. Le portrait de Sganarelle, tracé à Géronte par Valère et Lucas, vous semble-t-il, d'après ce que vous a appris le premier acte, authentique et suffisant?

fille, ce serait, selon moi, un biau et bon mari, pour qui alle eût de l'amiquié[1].

GÉRONTE. — Ouais! Nourrice, ma mie, vous vous mêlez de bien des choses!

30 LUCAS. — Taisez-vous, notre minagère Jaquelaine; ce n'est pas à vous à bouter[2] là votre nez.

JACQUELINE. — Je vous dis et vous douze[3] que tous ces médecins n'y feront rian que de l'iau claire; que votre fille a besoin d'autre chose que de ribarbe et de séné[4], et qu'un mari est 35 une emplâtre qui garit tous les maux des filles[5]. (2)

GÉRONTE. — Est-elle en état maintenant qu'on s'en voulût charger, avec l'infirmité qu'elle a? Et lorsque j'ai été dans le dessein de la marier, ne s'est-elle pas opposée à mes volontés?

JACQUELINE. — Je le crois bian; vous l'y vouilliez bailler 40 cun homme qu'alle n'aime point. Que ne preniais-vous ce Monsieur Liandre, qui li touchait au cœur? elle aurait été fort obéissante; et je m'en vas gager qu'il la prendrait, li, comme alle est, si vous la li voulliais donner[6].

GÉRONTE. — Ce Léandre n'est pas ce qu'il lui faut; il n'a 45 pas du bien comme l'autre. (3)

JACQUELINE. — Il a cun[7] oncle qui est si riche, dont il est hériqué[8].

GÉRONTE. — Tous ces biens à venir me semblent autant de chansons. Il n'est rien tel que ce qu'on tient; et l'on court 50 grand risque de s'abuser, lorsque l'on compte sur le bien qu'un autre vous garde. La mort n'a pas toujours les oreilles ouvertes aux vœux et aux prières de Messieurs les héritiers; et l'on a le temps d'avoir les dents longues, lorsqu'on attend, pour vivre, le trépas de quelqu'un. (4)

---

1. *De l'amitié :* de l'amour; 2. A mettre; 3. *Je vous dis et vous douze :* calembour sur *dis* (dix), qui amène le rapprochement avec le chiffre *douze ;* 4. *Séné :* purgatif très utilisé, voir page 66, note 1; 5. Voir dans *le Médecin volant*, scène III, page 83; 6. Si vous vouliez le lui donner; 7. Il n'a qu'un...; 8. Héritier.

— QUESTIONS —

2. Comment pouvez-vous expliquer les libertés que prend Jacqueline à l'égard de Géronte? De quelle qualité et de quels défauts fait-elle preuve ici?

3. Ne retrouvez-vous pas ce même point de vue dans d'autres comédies de Molière. Lesquelles?

4. Les sentiments de Géronte ne sont-ils que ceux d'un père de famille prudent? A quels autres pères de comédie vous fait-il penser?

55   JACQUELINE. — Enfin, j'ai toujours ouï dire qu'en mariage, comme ailleurs, contentement passe richesse[1]. Les bères et les mères[2] ant cette maudite couteume de demander toujours : « Qu'a-t-il? » et « Qu'a-t-elle? » et le compère Biarre[3] a marié sa fille Simonette au gros Thomas pour un quarquié de vaigne[4]
60 qu'il avait davantage que le jeune Robin, où elle avait bouté son amiquié[5]; et velà que la pauvre creiature en est devenue jaune comme un coing, et n'a pas profité tout[6] depuis ce temps-là. C'est un bel exemple pour vous, Monsieu. On n'a que son plaisir en ce monde; et j'aimerais mieux bailler[7] à
65 ma fille un bon mari qui li fût agriable[8], que toutes les rentes de la Biausse[9]. (5)

    GÉRONTE. — Peste! Madame la nourrice, comme vous dégoisez[10]! Taisez-vous, je vous prie; vous prenez trop de soin[11], et vous échauffez votre lait.

70 LUCAS, *en disant ceci, il frappe sur la poitrine de Géronte.* — Morgué[12]! tais-toi, t'es cune[13] impertinente. Monsieu n'a que faire de tes discours, et il sait ce qu'il a à faire. Mêle-toi de donner à téter à ton enfant, sans tant faire la raisonneuse. Monsieur est le père de sa fille; et il est bon et sage pour voir
75 ce qu'il li faut.

    GÉRONTE. — Tout doux! Oh! tout doux!

    LUCAS, *frappant encore sur la poitrine de Géronte.* — Monsieu, je veux un peu la mortifier, et li apprendre le respect qu'alle vous doit.

80   GÉRONTE. — Oui; mais ces gestes ne sont pas nécessaires. (6) (7)

---

1. Mieux vaut bonheur que fortune; 2. Pères et mères; 3. Le compère Pierre; 4. Un quartier (quart d'un arpent) de vigne; 5. *Amitié* : voir page 45, note 1; 6. N'a pas « profité » du tout : est devenue malade; 7. *Bailler* : donner; 8. Qui lui fût agréable; 9. La Beauce, le « grenier de la France »; 10. *Dégoiser* : parler sans arrêt; 11. Vous vous faites trop de souci; 12. *Morgué;* comme *morguenne* : voir page 36, note 1; 13. Tu n'es qu'une...

QUESTIONS

5. Que pensez-vous de cet art de vivre de Jacqueline? Dans quelle tradition littéraire se situe-t-il? En est-il d'autres exemples dans la bouche des grands personnages de Molière?

6. Le jeu de scène indiqué ici n'est-il qu'un « gag »? Comment pourriez-vous l'expliquer?

7. SUR L'ENSEMBLE DE LA SCÈNE PREMIÈRE. — Le portrait de Géronte : ses paroles; ses relations avec ses domestiques. Montrez le rapport qui lie le personnage à la tradition de ceux qui portent le même nom.

    — Quelles conclusions pouvons-nous en tirer pour la suite de l'intrigue?

« Quand j'ai bien bu et bien mangé, je veux que
tout le monde soit saoul dans ma maison. »

(Acte premier, scène première, ligne 54.)

Théâtre national populaire (1952).

Théâtre national populaire (1952).
« Comment! c'est un homme qui fait des miracles. »
(Acte premier, scène IV, ligne 77.)
Centre d'art dramatique, rue Blanche (1958).

Scène II. — VALÈRE, SGANARELLE, GÉRONTE, LUCAS, JACQUELINE.

VALÈRE. — Monsieur, préparez-vous. Voici notre médecin qui entre.

GÉRONTE, *à Sganarelle*. — Monsieur, je suis ravi de vous voir chez moi, et nous avons grand besoin de vous.

5 SGANARELLE, *en robe de médecin, avec un chapeau des plus pointus*. — Hippocrate[1] dit... que nous nous couvrions tous deux.

GÉRONTE. — Hippocrate dit cela?

SGANARELLE. — Oui.

GÉRONTE. — Dans quel chapitre, s'il vous plaît?

10 SGANARELLE. — Dans son chapitre... des chapeaux (8).

GÉRONTE. — Puisque Hippocrate le dit, il le faut faire.

SGANARELLE. — Monsieur le Médecin, ayant appris les merveilleuses choses...

GÉRONTE. — A qui parlez-vous, de grâce?

15 SGANARELLE. — A vous.

GÉRONTE. — Je ne suis pas médecin.

SGANARELLE. — Vous n'êtes pas médecin?

GÉRONTE. — Non, vraiment.

SGANARELLE *(prend ici un bâton et le bat comme on l'a battu)*.
20 — Tout de bon?

GÉRONTE. — Tout de bon. Ah! ah! ah!

SGANARELLE. — Vous êtes médecin maintenant; je n'ai jamais eu d'autres licences. (9)

GÉRONTE, *à Valère*. — Quel diable d'homme m'avez-vous là
25 amené?

---

1. Père de la médecine, *Hippocrate* (460-377 av. J.-C.), le célèbre médecin grec, faisait alors autorité.

——— QUESTIONS ———

8. A quoi tient la drôlerie de cette réplique? Essayez d'en trouver d'autres exemples dans la pièce. Que marque chez Géronte sa curiosité intempestive? Montrez qu'elle est un gage du succès futur de Sganarelle.

9. Pourquoi Sganarelle a-t-il ainsi pris une sorte de revanche?

VALÈRE. — Je vous ai bien dit que c'était un médecin goguenard.

GÉRONTE. — Oui; mais je l'envoirais promener avec ses goguenarderies.

30 LUCAS. — Ne prenez pas garde à ça, Monsieu; ce n'est que pour rire.

GÉRONTE. — Cette raillerie ne me plaît pas.

SGANARELLE. — Monsieur, je vous demande pardon de la liberté que j'ai prise. **(10)**

35 GÉRONTE. — Monsieur, je suis votre serviteur.

SGANARELLE. — Je suis fâché...

GÉRONTE. — Cela n'est rien.

SGANARELLE. — Des coups de bâton...

GÉRONTE. — Il n'y a pas de mal.

40 SGANARELLE. — Que j'ai eu l'honneur de vous donner.

GÉRONTE. — Ne parlons plus de cela, Monsieur, j'ai une fille qui est tombée dans une étrange maladie.

SGANARELLE. — Je suis ravi, Monsieur, que votre fille ait besoin de moi; et je souhaiterais de tout mon cœur que vous 45 en eussiez besoin aussi, vous et toute votre famille, pour vous témoigner l'envie que j'ai de vous servir[1].

GÉRONTE. — Je vous suis obligé de ces sentiments.

SGANARELLE. — Je vous assure que c'est du meilleur de mon âme que je vous parle.

50 GÉRONTE. — C'est trop d'honneur que vous me faites.

SGANARELLE. — Comment s'appelle votre fille?

GÉRONTE. — Lucinde.

SGANARELLE. — Lucinde! Ah! beau nom à médicamenter! Lucinde[2]!

---

1. Même attitude du Sganarelle de *Dom Juan*, acte IV, scène III; 2. Lucinde est un nom romanesque qui éveillait sans doute l'image d'un personnage de santé fragile. Déjà, dans *l'Amour médecin*, la jeune fille malade porte le nom de Lucinde.

--- **QUESTIONS** ---

10. Beaucoup d'éléments de ce dialogue figurent déjà à l'acte premier. Retrouvez-les et précisez l'intention de l'auteur en les reprenant presque mot à mot.

55   GÉRONTE. — Je m'en vais voir un peu ce qu'elle fait.

SGANARELLE. — Qui est cette grande femme-là?

GÉRONTE. — C'est la nourrice d'un petit enfant que j'ai.

SGANARELLE, *à part*. — Peste! le joli meuble que voilà!
(Haut.) Ah! nourrice, charmante nourrice, ma médecine est
60 la très humble esclave de votre nourricerie, et je voudrais bien
être le petit poupon fortuné qui tétât le lait *(il lui porte la
main sur le sein)* de vos bonnes grâces. Tous mes remèdes,
toute ma science, toute ma capacité est à votre service, et... **(11)**

LUCAS. — Avec votre parmission, Monsieur le Médecin,
65 laissez là ma femme, je vous prie.

SGANARELLE. — Quoi! est-elle votre femme?

LUCAS. — Oui.

SGANARELLE *fait semblant d'embrasser Lucas et, se tournant
du côté de la Nourrice, il l'embrasse.* — Ah! vraiment, je ne
70 savais pas cela, et je m'en réjouis pour l'amour de l'un et de
l'autre.

LUCAS, *en le tirant.* — Tout doucement, s'il vous plaît.

SGANARELLE. — Je vous assure que je suis ravi que vous soyez
unis ensemble. Je la félicite d'avoir *(il fait encore semblant
75 d'embrasser Lucas et, passant dessous ses bras, se jette au col
de sa femme)* un mari comme vous; et je vous félicite, vous,
d'avoir une femme si belle, si sage, et si bien faite comme
elle est.

LUCAS, *en le tirant encore.* — Eh! testigué¹! point tant de
80 compliments, je vous supplie.

SGANARELLE. — Ne voulez-vous pas que je me réjouisse avec
vous d'un si bel assemblage?

LUCAS. — Avec moi, tant qu'il vous plaira; mais avec ma
femme, trêve de sarimonie².

85   SGANARELLE. — Je prends part également au bonheur de

───────────

1. *Testigué* : tête Dieu. Voir page 40, note 2; 2. Trêve de cérémonie.

──────── **QUESTIONS** ────────

11. Cette réplique ajoute un trait au caractère de Sganarelle : nous
le connaissons maintenant complètement; essayez donc de l'analyser
et de le juger.

tous deux; et *(il continue le même jeu)* si je vous embrasse pour vous témoigner ma joie, je l'embrasse de même pour lui en témoigner aussi.

LUCAS, *en le tirant derechef*[1]. — Ah! vartigué[2], Monsieu le
90 Médecin, que de lantiponages[3]! **(12)**

SCÈNE III. — SGANARELLE, GÉRONTE, LUCAS, JACQUELINE.

GÉRONTE. — Monsieur, voici tout à l'heure[4] ma fille qu'on va vous amener.

SGANARELLE. — Je l'attends, Monsieur, avec toute la médecine[5].

5   GÉRONTE. — Où est-elle?

SGANARELLE, *se touchant le front.* — Là dedans...

GÉRONTE. — Fort bien.

SGANARELLE, *en voulant toucher les tétons de la Nourrice.* — Mais comme je m'intéresse à toute votre famille, il faut que
10 j'essaye un peu le lait de votre nourrice, et que je visite son sein.

LUCAS, *le tirant, en lui faisant faire la pirouette.* — Nanin, nanin[6]; je n'avons que faire de ça.

SGANARELLE. — C'est l'office du médecin de voir les tétons des nourrices.

15   LUCAS. — Il gnia office qui quienne[7], je sis votte sarviteur[8].

SGANARELLE. — As-tu bien la hardiesse de t'opposer au médecin? Hors de là!

LUCAS. — Je me moque de ça.

SGANARELLE, *en le regardant de travers.* — Je te donnerai la
20 fièvre.

---

1. De nouveau; **2.** *Vartigué :* vertu Dieu; **3.** *Lantiponages :* voir page 40, note 3; **4.** *Tout à l'heure :* dans un instant, tout de suite; **5.** Toutes les ressources de la médecine; **6.** *Nanin :* déformation de nenni : non; **7.** *Il n'y a office qui tienne :* au diable les obligations du médecin; **8.** *Je suis votre serviteur :* formule signifiant poliment un refus net.

———— QUESTIONS ————

12. SUR L'ENSEMBLE DE LA SCÈNE II. — Les différentes sources du comique dans cette scène.

— Comment se complète le portrait de Sganarelle? Valeur satirique du personnage.

JACQUELINE, *prenant Lucas par le bras et lui faisant aussi faire la pirouette.* — Ote-toi de là aussi. Est-ce que je ne sis pas assez grande pour me défendre moi-même, s'il me fait quelque chose qui ne soit pas à faire?

25 LUCAS. — Je ne veux pas qu'il te tâte, moi.

SGANARELLE. — Fi, le vilain[1], qui est jaloux de sa femme!

GÉRONTE. — Voici ma fille. **(13)**

Scène IV. — LUCINDE, GÉRONTE, SGANARELLE, VALÈRE, LUCAS, JACQUELINE.

SGANARELLE. — Est-ce là la malade?

GÉRONTE. — Oui. Je n'ai qu'elle de fille; et j'aurais tous les regrets du monde si elle venait à mourir.

SGANARELLE. — Qu'elle s'en garde bien! Il ne faut pas qu'elle 5 meure sans l'ordonnance du médecin[2]. **(14)**

GÉRONTE. — Allons, un siège.

SGANARELLE, *assis entre Géronte et Lucinde.* — Voilà une malade qui n'est pas tant dégoûtante[3], et je tiens qu'un homme bien sain s'en accommoderait assez.

10 GÉRONTE. — Vous l'avez fait rire, Monsieur.

SGANARELLE. — Tant mieux : lorsque le médecin fait rire le malade, c'est le meilleur signe du monde. *(A Lucinde.)* Eh bien! de quoi est-il question? Qu'avez-vous? quel est le mal que vous sentez?

15 LUCINDE *répond par signes, en portant sa main à sa bouche, à sa tête, et sous son menton.* — Han, hi, hon, han.

SGANARELLE. — Eh! que dites-vous?

LUCINDE, *continue les mêmes gestes.* — Han, hi, hon, han, han, hi, hon.

---

1. *Vilain* : d'une avarice sordide, qui n'aime pas partager son bien; 2. Même réplique de Sganarelle à Gorgibus dans *le Médecin volant*, voir page 84, ligne 33; 3. Elle n'est pas si dégoûtante (répugnante) : elle est franchement agréable (litote).

QUESTIONS

13. SUR L'ENSEMBLE DE LA SCÈNE III. — Jacqueline n'est pas aussi « sage » que le croit son mari. Molière a-t-il voulu la noircir à nos yeux? Quel vous semble le but qu'il s'est proposé dans cette scène un peu « rabelaisienne »?

14. Vous apprécierez cette satire de la médecine.

20 SGANARELLE. — Quoi?

LUCINDE. — Han, hi, hon.

SGANARELLE, *la contrefaisant.* — Han, hi, hon, han, ha. Je ne vous entends point. Quel diable de langage est-ce là?

GÉRONTE. — Monsieur, c'est là sa maladie. Elle est devenue 25 muette, sans que jusques ici on en ait pu savoir la cause; et c'est un accident qui a fait reculer son mariage.

SGANARELLE. — Et pourquoi?

GÉRONTE. — Celui qu'elle doit épouser veut attendre sa guérison pour conclure les choses.

30 SGANARELLE. — Et qui est ce sot-là, qui ne veut pas que sa femme soit muette? Plût à Dieu que la mienne eût cette maladie! je me garderais bien de la vouloir guérir. **(15)**

GÉRONTE. — Enfin, Monsieur, nous vous prions d'employer tous vos soins pour la soulager de son mal.

35 SGANARELLE. — Ah! ne vous mettez pas en peine. Dites-moi un peu : ce mal l'oppresse-t-il beaucoup?

GÉRONTE. — Oui, Monsieur.

SGANARELLE. — Tant mieux. Sent-elle de grandes douleurs?

GÉRONTE. — Fort grandes.

40 SGANARELLE. — C'est fort bien fait. Va-t-elle où vous savez?

GÉRONTE. — Oui.

SGANARELLE. — Copieusement?

GÉRONTE. — Je n'entends rien à cela.

SGANARELLE. — La matière est-elle louable?

45 GÉRONTE. — Je ne me connais pas à ces choses.

SGANARELLE, *se tournant vers la malade.* — Donnez-moi votre bras. *(A Géronte.)* Voilà un pouls qui marque que votre fille est muette. **(16)**

GÉRONTE. — Eh! oui, Monsieur, c'est là son mal; vous l'avez 50 trouvé tout du premier coup.

SGANARELLE. — Ah! ah!

───────── **QUESTIONS** ─────────

15. Thème satirique courant dans la littérature du Moyen Age et du XVIe siècle : vous essaierez d'en chercher d'autres exemples.

16. Que pensez-vous de cette consultation et de la manière de diagnostiquer de Sganarelle?

JACQUELINE. — Voyez comme il a deviné sa maladie!

SGANARELLE. — Nous autres grands médecins, nous connaissons d'abord[1] les choses. Un ignorant aurait été embarrassé,
55 et vous eût été dire : « C'est ceci, c'est cela »; mais moi, je
touche au but du premier coup, et je vous apprends que votre
fille est muette.

GÉRONTE. — Oui; mais je voudrais bien que vous me puissiez
dire d'où cela vient.

60 SGANARELLE. — Il n'est rien de plus aisé. Cela vient de ce
qu'elle a perdu la parole.

GÉRONTE. — Fort bien. Mais la cause, s'il vous plaît, qui
fait qu'elle a perdu la parole?

SGANARELLE. — Tous nos meilleurs auteurs vous diront que
65 c'est l'empêchement de l'action de sa langue.

GÉRONTE. — Mais encore, vos sentiments sur cet empêchement de l'action de la langue?

SGANARELLE. — Aristote[2], là-dessus, dit... de fort belles
choses. **(17)**

70 GÉRONTE. — Je le crois.

SGANARELLE. — Ah! c'était un grand homme!

GÉRONTE. — Sans doute.

SGANARELLE. — Grand homme tout à fait... *(Levant le bras
depuis le coude.)* Un homme qui était plus grand que moi de
75 tout cela. Pour revenir donc à notre raisonnement, je tiens[3] que
cet empêchement de l'action de sa langue est causé par de
certaines humeurs, qu'entre nous autres savants nous appelons
humeurs peccantes[4]; peccantes, c'est-à-dire... humeurs peccantes; d'autant que les vapeurs formées par les exhalaisons
80 des influences qui s'élèvent dans la région des maladies, venant...
pour ainsi dire... à... Entendez[5]-vous le latin?

1. *D'abord* : dès l'abord : aussitôt; 2. Nouveau recours à Aristote. Dans *le Médecin
volant*, scène v, page 85, Sganarelle avait recours à Ovide; 3. Je considère; 4. La
médecine, à l'époque de Molière, expliquait la plupart des maladies par une surabon-
dance dans l'organisme d'*humeurs peccantes* (qui péchaient à la fois par quantité et
par qualité). Cette doctrine de l'humorisme, qui explique les maladies par le jeu des
différents liquides organiques (sang, bile, etc.), était alors très en vogue et faisait
l'objet de discussions passionnées dans les salons et chez les gens cultivés qui se
piquaient de science; 5. Comprenez-vous?

——————— QUESTIONS ———————

17. Quels moyens vous semblent déclencher le rire dans ces dernières
répliques?

GÉRONTE. — En aucune façon.

SGANARELLE, *se levant avec étonnement.* — Vous n'entendez point le latin?

85 GÉRONTE. — Non.

SGANARELLE, *en faisant diverses plaisantes postures.* — *Cabricias, arci thuram, catalamus, singulariter, nominativo, haec musa* « la Muse », *bonus, bona, bonum. Deus sanctus, estne oratio latinas? Etiam* « oui ». *Quare?* « pourquoi? » *Quia substantivo,* 90 *et adjectivum, concordat in generi, numerum et casus*[1]. (18)

GÉRONTE. — Ah! que n'ai-je étudié!

JACQUELINE. — L'habile homme que velà[2]!

LUCAS. — Oui, ça est si biau, que je n'y entends goutte.

SGANARELLE. — Or, ces vapeurs dont je vous parle, venant 95 à passer, du côté gauche où est le foie, au côté droit où est le cœur[3], il se trouve que le poumon, que nous appelons en latin *armyan*[4], ayant communication avec le cerveau, que nous nommons en grec *nasmus*, par le moyen de la veine cave, que nous appelons en hébreu *cubile*, rencontre en son chemin 100 lesdites vapeurs qui remplissent les ventricules de l'omoplate; et parce que lesdites vapeurs... comprenez bien ce raisonnement, je vous prie; et parce que lesdites vapeurs ont une certaine malignité[5]... Écoutez bien ceci, je vous conjure.

GÉRONTE. — Oui.

105 SGANARELLE. — Ont une certaine malignité qui est causée... Soyez attentif, s'il vous plaît.

1. Les quatre premiers mots *(cabricias, arci thuram, catalamus)* de cette tirade prétendue latine sont des mots forgés qui n'appartiennent à aucune langue. Le reste est formé de bribes empruntées à la grammaire scolaire de Despautère, principalement ce passage : *Deus sanctus estne oratio latina? — Etiam. — Quare? — Quia adjectivum et substantivum concordant in genere, numero, casu.* Traduction : « Dieu est saint, est-ce un tour de phrase latin? — Oui. — Pourquoi? — Parce que l'adjectif et le substantif concordent en genre, en nombre et en cas; » 2. Molière, en interprétant cette scène, se renversait avec son fauteuil, après avoir prononcé la tirade latine de Sganarelle, ce qui rendait plus drôle encore la réflexion de Jacqueline; 3. Ces erreurs anatomiques ont peut-être un fond de vérité. Lors d'une dissection qui avait fait beaucoup de bruit, en 1650, les médecins avaient trouvé le cœur à droite sur un cadavre de pendu. On en parla très longtemps, et le souvenir en revint sans doute à Molière quand il écrivit cette scène; 4. *Armyan* et *nasmus* sont des mots de pure fantaisie forgés par Sganarelle, qui veut se donner des airs savants. *Cubile* (en latin : le lit) est le seul reconnaissable, mais n'est pas hébreu et n'a aucun rapport avec la veine *cave; 5. Malignité :* effet malfaisant.

QUESTIONS

18. Quels nouveaux moyens Sganarelle utilise-t-il pour abuser Géronte? N'est-il que drôle en les employant? — Que pensez-vous de l'attitude de Géronte? Est-elle naturelle?

GÉRONTE. — Je le suis.

SGANARELLE. — Qui est causée par l'âcreté des humeurs
engendrées dans la concavité du diaphragme, il arrive que
10 ces vapeurs... *Ossabandus, nequeis, nequer, potarium, quipsa
milus*[1]. Voilà justement ce qui fait que votre fille est muette. **(19)**

JACQUELINE. — Ah que ça est bian dit, notte homme[2]!

LUCAS. — Que n'ai-je la langue aussi bian pendue!

GÉRONTE. — On ne peut pas mieux raisonner, sans doute.
15 Il n'y a qu'une seule chose qui m'a choqué : c'est l'endroit
du foie et du cœur. Il me semble que vous les placez autrement
qu'ils ne sont; que le cœur est du côté gauche, et le foie du
côté droit.

SGANARELLE. — Oui; cela était autrefois ainsi : mais nous
20 avons changé tout cela, et nous faisons maintenant la médecine
d'une méthode toute nouvelle[3].

GÉRONTE. — C'est ce que je ne sais pas, et je vous demande
pardon de mon ignorance.

SGANARELLE. — Il n'y a point de mal; et vous n'êtes pas
25 obligé d'être aussi habile que nous.

GÉRONTE. — Assurément. Mais, Monsieur, que croyez-vous
qu'il faille faire à cette maladie?

SGANARELLE. — Ce que je crois qu'il faille faire?

GÉRONTE. — Oui.

30 SGANARELLE. — Mon avis est qu'on la remette sur son lit,
et qu'on lui fasse prendre pour remède quantité de pain trempé
dans du vin. **(20)**

---

1. Tout ce jargon d'allure vaguement latine est de l'invention de Sganarelle.
Rotrou, dans *la Sœur* (acte III, scène v), avait forgé aussi un *ossando, nequei, nequet*,
dont il faisait, pour les besoins de la cause, une phrase turque; 2. Que c'est bien dit,
notre homme; 3. Il y avait en effet à l'époque de Molière des tendances de la « médecine nouvelle ». Elles avaient évidemment d'autres origines que celles que Molière
prête à Sganarelle.

─────── ● QUESTIONS ───────

19. Encore un nouveau « gag » de Sganarelle. En quoi consiste-t-il?
Tout n'est-il que simple farce dans les propos que lui prête Molière?
— La mise en scène a également beaucoup d'importance dans tout ce
passage. En l'imaginant vous en montrerez l'importance pour souligner le comique de la situation.

20. Cette ordonnance inattendue déchaîne le rire. Montrez pourquoi
elle est inattendue. N'avait-elle pas également un caractère quelque peu
sacrilège?

GÉRONTE. — Pourquoi cela, Monsieur?

SGANARELLE. — Parce qu'il y a dans le vin et le pain, mêlés
135 ensemble, une vertu sympathique qui fait parler. Ne voyez-vous
pas bien qu'on ne donne autre chose aux perroquets, et qu'ils
apprennent à parler en mangeant de cela? **(21)**

GÉRONTE. — Cela est vrai! Ah! le grand homme! Vite, quantité de pain et de vin! **(22)**

140 SGANARELLE. — Je reviendrai voir sur le soir en quel état
elle sera[1]. *(A la nourrice.)* Doucement, vous. *(A Géronte.)*
Monsieur, voilà une nourrice à laquelle il faut que je fasse
quelques petits remèdes.

JACQUELINE. — Qui? moi? Je me porte le mieux du monde.

145 SGANARELLE. — Tant pis, nourrice; tant pis. Cette grande
santé est à craindre, et il ne sera pas mauvais de vous faire
quelque petite saignée amiable, de vous donner quelque petit
clystère dulcifiant[2].

GÉRONTE. — Mais, Monsieur, voilà une mode que je ne
150 comprends point. Pourquoi s'aller faire saigner quand on n'a
point de maladie?

SGANARELLE. — Il n'importe, la mode en est salutaire; et,
comme on boit pour la soif à venir, il faut se faire aussi saigner
pour la maladie à venir.

155 JACQUELINE, *en se retirant.* — Ma fi[3]! je me moque de ça,
et je ne veux point faire de mon corps une boutique d'apothicaire.

SGANARELLE. — Vous êtes rétive aux remèdes; mais nous
saurons vous soumettre à la raison. *(Parlant à Géronte[4].)*
Je vous donne le bonjour.

160 GÉRONTE. — Attendez un peu, s'il vous plaît.

SGANARELLE. — Que voulez-vous faire?

---

1. L'édition de 1734 coupe ici la scène et commence une scène VI à *Doucement,
vous;* 2. La saignée et le lavement ou la purge étaient alors des remèdes préventifs
très utilisés. Rapprochez de M. Purgon, dans *le Malade imaginaire*, acte III, scène V;
3. Ma foi!; 4. L'édition de 1734 arrête sur cette phrase la scène et commence une
scène VII à *Je vous donne le bonjour.*

QUESTIONS
---

21. Analysez cette logique : à quoi tient son caractère rigoureux?
Sur quoi se fonde le raisonnement? Quelle disproportion y a-t-il entre
le remède et la maladie? Soulignez la valeur comique ainsi obtenue.

22. Géronte est définitivement caricatural. Montrez-le.

GÉRONTE. — Vous donner de l'argent, Monsieur.

SGANARELLE, *tendant sa main derrière, par-dessous sa robe, tandis que Géronte ouvre sa bourse.* — Je n'en prendrai pas,
165 Monsieur.

GÉRONTE. — Monsieur...

SGANARELLE. — Point du tout.

GÉRONTE. — Un petit moment.

SGANARELLE. — En aucune façon.

170 GÉRONTE. — De grâce!

SGANARELLE. — Vous vous moquez.

GÉRONTE. — Voilà qui est fait.

SGANARELLE. — Je n'en ferai rien.

GÉRONTE. — Eh!

175 SGANARELLE. — Ce n'est pas l'argent qui me fait agir.

GÉRONTE. — Je le crois.

SGANARELLE, *après avoir pris l'argent.* — Cela est-il de poids?

GÉRONTE. — Oui, Monsieur.

SGANARELLE. — Je ne suis pas un médecin mercenaire.

180 GÉRONTE. — Je le sais bien.

SGANARELLE. — L'intérêt ne me gouverne point. **(23)**

GÉRONTE. — Je n'ai pas cette pensée[1]. **(24)**

SCÈNE V. — SGANARELLE, LÉANDRE.

SGANARELLE, *regardant son argent.* — Ma foi, cela ne va pas
mal; et pourvu que...

---

1. La scène VII, dans l'édition de 1734, se prolonge jusqu'à *et pourvu que*, et l'acte
se termine par une scène VIII qui commence à : *Monsieur, il y a longtemps.*

─────── **QUESTIONS** ───────

23. Rapprochez cette fin de scène de la fin de la scène II de *la Jalousie du Barbouillé* et comparez-en le ton, le style et le mouvement scénique.

24. SUR L'ENSEMBLE DE LA SCÈNE IV. — Vous retrouverez le schéma de cette scène, en marquerez l'équilibre et la valeur « dramatique ».
— Regroupez les éléments de la satire de la médecine faite ici par Molière. Cette satire est-elle plus cocasse qu'incisive? Pensez-vous qu'un médecin d'aujourd'hui puisse s'en formaliser?

LÉANDRE. — Monsieur, il y a longtemps que je vous attends; et je viens implorer votre assistance.

5 SGANARELLE, *lui prenant le poignet*. — Voilà un pouls qui est fort mauvais.

LÉANDRE. — Je ne suis point malade, Monsieur; et ce n'est pas pour cela que je viens à vous.

SGANARELLE. — Si vous n'êtes pas malade, que diable ne le 10 dites-vous donc?

LÉANDRE. — Non. Pour vous dire la chose en deux mots, je m'appelle Léandre, qui suis amoureux de Lucinde, que vous venez de visiter; et comme, par la mauvaise humeur de son père, toute sorte d'accès m'est fermé auprès d'elle, je me 15 hasarde à vous prier de vouloir servir mon amour, et de me donner lieu d'exécuter un stratagème que j'ai trouvé pour lui pouvoir dire deux mots, d'où dépendent absolument mon bonheur et ma vie.

SGANARELLE, *paraissant en colère*. — Pour qui me prenez-20 vous? Comment! oser vous adresser à moi pour vous servir dans votre amour, et vouloir ravaler la dignité de médecin à des emplois de cette nature!

LÉANDRE. — Monsieur, ne faites point de bruit.

SGANARELLE, *en le faisant reculer*. — J'en veux faire, moi. 25 Vous êtes un impertinent!

LÉANDRE. — Eh! Monsieur, doucement.

SGANARELLE. — Un malavisé!

LÉANDRE. — De grâce!

SGANARELLE. — Je vous apprendrai que je ne suis point 30 homme à cela, et que c'est une insolence extrême...

LÉANDRE, *tirant une bourse qu'il lui donne*. — Monsieur...

SGANARELLE, *tenant la bourse*. — De vouloir m'employer... Je ne parle pas pour vous, car vous êtes honnête homme; et je serais ravi de vous rendre service : mais il y a de certains 35 impertinents au monde qui viennent prendre les gens pour ce qu'ils ne sont pas, et je vous avoue que cela me met en colère. (25)

—————————— QUESTIONS ——————————

25. A la cupidité s'ajoute ici un autre défaut : lequel? Sganarelle nous est-il devenu plus odieux pour cela?

LÉANDRE. — Je vous demande pardon, Monsieur, de la liberté que...

40 SGANARELLE. — Vous vous moquez. De quoi est-il question?

LÉANDRE. — Vous saurez donc, Monsieur, que cette maladie que vous voulez guérir est une feinte maladie. Les médecins ont raisonné là-dessus comme il faut; et ils n'ont pas manqué de dire que cela procédait, qui du cerveau, qui des entrailles, 45 qui de la rate, qui du foie; mais il est certain que l'amour en est la véritable cause, et que Lucinde n'a trouvé cette maladie que pour se délivrer d'un mariage dont elle était importunée. Mais, de crainte qu'on ne nous voie ensemble, retirons-nous d'ici, et je vous dirai en marchant ce que je souhaite de vous.

50 SGANARELLE. — Allons, Monsieur, vous m'avez donné pour votre amour une tendresse qui n'est pas concevable; et j'y perdrai toute ma médecine, ou la malade crèvera, ou bien elle sera à vous. **(26) (27) (28)**

ACTE III

Un lieu voisin de la maison de Géronte.

Scène première. — LÉANDRE, SGANARELLE.

LÉANDRE. — Il me semble que je ne suis pas mal ainsi pour un apothicaire; et, comme le père ne m'a guère vu, ce changement d'habit et de perruque est assez capable, je crois, de me déguiser à ses yeux.

─────── **QUESTIONS** ───────

26. Ce propos n'est-il qu'une boutade? Quel autre aspect de la personnalité de Sganarelle apparaît ici? Avions-nous des inquiétudes pour Léandre?

27. SUR L'ENSEMBLE DE LA SCÈNE V. — On a parlé, à propos de cette scène, d'un véritable « ballet comique ». Comment le comprenez-vous?

28. SUR L'ENSEMBLE DE L'ACTE II. — Cet acte tout entier est une satire. Est-ce la médecine ou les médecins qui sont mis en cause? Pourriez-vous retrouver les véritables intentions de Molière à travers cette charge?
— Après sa défaite du premier acte, Sganarelle semble reprendre ici une revanche. De quelle façon?

5   SGANARELLE. — Sans doute.

LÉANDRE. — Tout ce que je souhaiterais serait de savoir cinq ou six grands mots de médecine, pour parer mon discours et me donner l'air d'habile homme.

SGANARELLE. — Allez, allez, tout cela n'est pas nécessaire;
10 il suffit de l'habit[1] : et je n'en sais pas plus que vous.

LÉANDRE. — Comment?

SGANARELLE. — Diable emporte[2] si j'entends rien en méde- cine! Vous êtes honnête homme, et je veux bien me confier à vous comme vous vous confiez à moi.

15   LÉANDRE. — Quoi! vous n'êtes pas effectivement...

SGANARELLE. — Non, vous dis-je; ils m'ont fait médecin malgré mes dents[3]. Je ne m'étais jamais mêlé d'être si savant que cela; et toutes mes études n'ont été que jusqu'en sixième[4]. Je ne sais point sur quoi cette imagination leur est venue;
20 mais, quand j'ai vu qu'à toute force ils voulaient que je fusse médecin, je me suis résolu de l'être aux dépens de qui il appar- tiendra[5]. Cependant, vous ne sauriez croire comment l'erreur s'est répandue, et de quelle façon chacun est endiablé[6] à me croire habile homme. On me vient chercher de tous les côtés;
25 et, si les choses vont toujours de même, je suis d'avis de m'en tenir toute ma vie à la médecine. Je trouve que c'est le métier le meilleur de tous; car, soit qu'on fasse bien, ou soit qu'on fasse mal, on est toujours payé de même sorte. La méchante besogne ne retombe jamais sur notre dos; et nous taillons
30 comme il nous plaît sur l'étoffe où nous travaillons. Un cor- donnier, en faisant des souliers, ne saurait gâter[7] un morceau de cuir, qu'il n'en paye les pots cassés[8], mais ici l'on peut gâter un homme sans qu'il en coûte rien. Les bévues[9] ne sont point pour nous, et c'est toujours la faute de celui qui meurt.
35 Enfin le bon de cette profession est qu'il y a parmi les morts

---

1. On songe à la phrase de Pascal : « C'est l'habit qui fait le moine »; 2. Que le diable m'emporte si...; 3. Malgré moi; 4. C'est la première classe de l'enseignement dans les collèges, comme aujourd'hui; 5. Aux dépens de qui voudra; 6. *Endiablé :* enragé; 7. *Gâter :* gâcher; 8. Sans en payer les conséquences. L'expression est pro- verbiale; 9. *Bévue :* erreur.

une honnêteté, une discrétion la plus grande du monde; et jamais on n'en voit se plaindre du médecin qui l'a tué[1]. (1)

LÉANDRE. — Il est vrai que les morts sont fort honnêtes[2] gens sur cette matière.

SGANARELLE, *voyant des hommes qui viennent à lui.* — Voilà des gens qui ont la mine de me venir consulter. *(A Léandre.)* Allez toujours m'attendre auprès du logis de votre maîtresse.

Scène II. — THIBAUT, PERRIN, SGANARELLE.

THIBAUT. — Monsieu, je venons vous charcher, mon fils Perrin et moi.

SGANARELLE. — Qu'y a-t-il?

THIBAUT. — Sa pauvre mère, qui a nom Parette[3], est dans un lit, malade il y a six mois[4].

SGANARELLE, *tendant la main comme pour recevoir de l'argent.* — Que voulez-vous que j'y fasse?

THIBAUT. — Je voudrions, Monsieu, que vous nous baillissiez queuque petite drôlerie pour la garir[5].

SGANARELLE. — Il faut voir de quoi est-ce qu'elle est malade.

THIBAUT. — Alle est malade d'hypocrisie[6], Monsieu.

SGANARELLE. — D'hypocrisie?

THIBAUT. — Oui, c'est-à-dire qu'alle est enflée partout; et l'an dit que c'est quantité de sériosités[7] qu'alle a dans le corps, et que son foie, son ventre, ou sa rate, comme vous voudrais l'appeler, au glieu[8] de faire du sang, ne fait plus que de l'iau[9].

1. Cervantes *(le Licencié Vidriera)* et Montaigne (III, xxvii) avaient fait de semblables développements sur les avantages de la profession médicale; 2. *Honnêtes gens* : réservés; 3. Perrette; 4. Depuis six mois; 5. Je voudrais que vous lui prescriviez quelque petit remède pour la guérir; 6. *Hypocrisie* : confusion avec *hydropisie* ; 7. Sérosités, éléments liquides qui envahissent les tissus dans certaines maladies; 8. Lieu; 9. Eau.

─────── QUESTIONS ───────

1. Vous dégagerez les différents éléments de cette satire de la médecine et en rechercherez la gradation. — L'humour dans cette tirade. A quoi est-il dû? Quels procédés utilise-t-il particulièrement?

Alle a, de deux jours l'un, la fièvre quotiguienne, avec des lassitudes et des douleurs dans les mufles[1] des jambes. On entend dans sa gorge des fleumes[2] qui sont tout prêts à l'étouf-
20 fer; et parfois il li prend des syncoles[3] et des conversions[4], que je crayons qu'alle est passée[5]. J'avons dans notre village un apothicaire, révérence parler[6], qui li a donné je ne sais combien d'histoires; et il m'en coûte plus d'eune douzaine de bons écus en lavements, ne v's en déplaise, en apostumes[7]
25 qu'on li a fait prendre, en infections[8] de jacinthe, et en por- tions cordales[9]. Mais tout ça, comme dit l'autre, n'a été que de l'onguent miton-mitaine[10]. Il velait li bailler d'eune certaine drogue que l'on appelle du vin amétile[11], mais j'ai-s-eupeur, franchement, que ça l'envoyt *a patres*[12]; et l'an dit que ces
30 gros médecins tuont je ne sais combien de monde avec cette invention-là. (2)

SGANARELLE, *tendant toujours la main, et la branlant, comme pour signe qu'il demande de l'argent.* — Venons au fait, mon ami, venons au fait.

35 THIBAUT. — Le fait, est, Monsieu, que je venons vous prier de nous dire ce qu'il faut que je fassions.

SGANARELLE. — Je ne vous entends[13] point du tout.

PERRIN. — Monsieu, ma mère est malade; et velà deux écus que je vous apportons pour nous bailler queuque remède.

40 SGANARELLE. — Ah! je vous entends, vous (3). Voilà un garçon qui parle clairement, qui s'explique comme il faut. Vous dites que votre mère est malade d'hydropisie, qu'elle est enflée par tout le corps, qu'elle a la fièvre, avec des douleurs dans les

---

1. Muscles; 2. *Fleumes* : mis pour flegmes (mucosités des voies respiratoires); 3. Syncopes; 4. Convulsions; 5. *Qu'elle est passée* : qu'elle est passée de vie à trépas, qu'elle est morte; 6. *Révérence parler* : tournure populaire pour s'excuser d'une remarque qui pourrait paraître blessante ou offensante; 7. *Apostumes* ou *apostèmes* : abcès. Thibaut confond évidemment et veut dire « apozèmes » : décoctions de plantes végétales; 8. Infusions; 9. Potions cordiales, qui réconfortent le malade; 10. *Onguent miton-mitaine*. Nous dirions qui ne fait ni chaud ni froid, à l'efficacité nulle; 11. *Vin émétique* : remède dont on discutait beaucoup depuis quelques années; 12. *Envoyer* « *ad patres* » (et non *a patres*) : envoyer dans l'autre monde; 13. *Entendre* : comprendre.

QUESTIONS

2. A quelle sorte de comique appartient cette tirade? — Quelles conclu- sions en tirez-vous sur le caractère de Thibaut et son intelligence?

3. La vénalité de Sganarelle apparaît ici une fois de plus. Vous semble-t-elle profonde? N'est-elle pas, en même temps qu'un trait psy- chologique, un élément de satire sociale?

jambes, et qu'il lui prend parfois des syncopes et des convul-
45 sions, c'est-à-dire des évanouissements?

PERRIN. — Eh! oui, Monsieur, c'est justement ça.

SGANARELLE. — J'ai compris d'abord vos paroles. Vous avez
un père qui ne sait ce qu'il dit. Maintenant vous me demandez
un remède?

50 PERRIN. — Oui, Monsieur.

SGANARELLE. — Un remède pour la guérir?

PERRIN. — C'est comme je l'entends[1].

SGANARELLE. — Tenez, voilà un morceau de formage[2] qu'il
faut que vous lui fassiez prendre.

55 PERRIN. — Du fromage, Monsieur?

SGANARELLE. — Oui, c'est un formage préparé, où il entre
de l'or, du corail et des perles, et quantité d'autres choses
précieuses[3].

PERRIN. — Monsieur, je vous sommes bien obligés; et j'allons
60 li faire prendre ça tout à l'heure[4].

SGANARELLE. — Allez. Si elle meurt, ne manquez pas de la
faire enterrer du mieux que vous pourrez. (4)

Scène III. — JACQUELINE, SGANARELLE,
LUCAS, *dans le fond du théâtre.*

Une chambre dans la maison de Géronte.

SGANARELLE. — Voici la belle nourrice. Ah! nourrice de
mon cœur, je suis ravi de cette rencontre, et votre vue est la

---

1. Voir page 64, note 13; 2. *Formage* est la forme ancienne de fromage, la
plus proche du reste de l'étymologie; Sganarelle emploie à dessein cette forme
pour se donner l'air plus savant; 3. Les métaux et les pierres précieuses entraient
au XVIIᵉ siècle dans la composition de nombreux médicaments; 4. Je vais lui
faire prendre tout de suite.

--- QUESTIONS ---

4. SUR L'ENSEMBLE DE LA SCÈNE II. — La bouffonnerie de cette scène
paysanne cache-t-elle des intentions?
— Molière et la médecine de son temps. Quelle vous paraît être sa posi-
tion sur ce sujet?
— Sganarelle n'a-t-il pas fait des progrès depuis le temps où il ne
voulait pas être médecin? Lesquels?
— Cette scène est-elle sans importance sur le déroulement de l'action?

rhubarbe, la casse et le séné[1] qui purgent toute la mélancolie[2] de mon âme.

JACQUELINE. — Par ma figué[3], Monsieu le Médecin, ça est trop bian dit pour moi, et je n'entends rien à tout votte latin.

SGANARELLE. — Devenez malade, nourrice, je vous prie; devenez malade pour l'amour de moi. J'aurais toutes les joies du monde de vous guérir.

JACQUELINE. — Je sis votte servante; j'aime bian mieux qu'an ne me garisse pas.

SGANARELLE. — Que je vous plains, belle nourrice, d'avoir un mari jaloux et fâcheux[4] comme celui que vous avez!

JACQUELINE. — Que velez-vous, Monsieu, c'est pour la pénitence de mes fautes; et là où la chèvre est liée, il faut bian qu'alle y broute.

SGANARELLE. — Comment? un rustre comme cela! un homme qui vous observe toujours, et ne veut pas que personne vous parle!

JACQUELINE. — Hélas! vous n'avez rian vu encore; et ce n'est qu'un petit échantillon de sa mauvaise humeur.

SGANARELLE. — Est-il possible? et qu'un homme ait l'âme assez basse pour maltraiter une personne comme vous? Ah! que j'en sais, belle nourrice, et qui ne sont pas loin d'ici, qui se tiendraient heureux de baiser seulement les petits bouts de vos petons! Pourquoi faut-il qu'une personne si bien faite soit tombée en de telles mains! et qu'un franc animal, un brutal, un stupide, un sot... Pardonnez-moi, nourrice, si je parle ainsi de votre mari....

JACQUELINE. — Eh! Monsieu, je sais bian qu'il mérite tous ces noms-là.

SGANARELLE. — Oui, sans doute, nourrice, il les mérite; et il mériterait encore que vous lui missiez quelque chose sur la tête, pour le punir des soupçons qu'il a.

---

1. Ces trois plantes, souvent confondues dans le peuple, étaient invariablement liées à l'idée de purgation et se trouvent associées dans de nombreuses plaisanteries ou proverbes que cette médecine engendra; 2. *Mélancolie* : humeur sombre et chagrine; le mot est alors employé en médecine pour désigner un état maladif né d'un excès de bile; mais il s'agit ici d'une *mélancolie de l'âme*, état psychologique qui donne au mot un sens assez proche du sens actuel; 3. Voir page 41, note 1; 4. *Fâcheux* : désagréable.

35   JACQUELINE. — Il est bian vrai que si je n'avais devant les yeux que son intérêt, il pourrait m'obliger à queuque étrange chose.

SGANARELLE. — Ma foi, vous ne feriez pas mal de vous venger de lui avec quelqu'un. C'est un homme, je vous le dis,
40 qui mérite bien cela; et, si j'étais assez heureux, belle nourrice, pour être choisi pour... *(En cet endroit, tous deux apercevant Lucas qui était derrière eux et entendait leur dialogue, chacun se retire de son côté, mais le médecin d'une manière fort plaisante[1].)* **(5)**

Scène IV. — GÉRONTE, LUCAS.

GÉRONTE. — Holà! Lucas, n'as-tu point vu ici notre médecin?

LUCAS. — Eh! oui, de par tous les diantres, je l'ai vu, et ma femme aussi.

GÉRONTE. — Où est-ce donc qu'il peut être?

5   LUCAS. — Je ne sais; mais je voudrais qu'il fût à tous les guèbles[2]!

GÉRONTE. — Va-t'en voir un peu ce que fait ma fille. **(6)**

Scène V. — SGANARELLE, LÉANDRE, GÉRONTE.

GÉRONTE. — Ah! Monsieur, je demandais où vous étiez.

SGANARELLE. — Je m'étais amusé dans votre cour à expulser le superflu de la boisson. Comment se porte la malade?

GÉRONTE. — Un peu plus mal depuis votre remède.

---

1. L'édition de 1734 indique un jeu de scène plus précis : *Dans le temps que Sganarelle tend les bras pour embrasser Jacqueline, Lucas passe sa tête par-dessous, et se met entre eux deux. Sganarelle et Jacqueline regardent Lucas et sortent chacun de leur côté, mais le médecin d'une manière fort plaisante;* 2. *Guèbles :* diables.

──────── QUESTIONS ────────

5. SUR LA SCÈNE III. — Sganarelle déploie toute une tactique amoureuse à l'égard de Jacqueline. Essayez d'en retrouver les éléments et de montrer l'habileté du « séducteur ».
— Quels nouveaux traits s'ajoutent ici au caractère de Jacqueline?
— Comment le langage de Jacqueline rend-il vraisemblable cette scène?

6. SUR LA SCÈNE IV. — Utilité de cette courte scène : 1º au point de vue technique; 2º au point de vue psychologique.

5   SGANARELLE. — Tant mieux : c'est signe qu'il opère.

GÉRONTE. — Oui ; mais, en opérant, je crains qu'il ne l'étouffe.

SGANARELLE. — Ne vous mettez pas en peine ; j'ai des remèdes qui se moquent de tout, et je l'attends à l'agonie. **(7)**

GÉRONTE, *montrant Léandre*. — Qui est cet homme-là que
10 vous amenez ?

SGANARELLE, *faisant des signes avec la main pour montrer que c'est un apothicaire*. — C'est...

GÉRONTE. — Quoi ?

SGANARELLE. — Celui...

15 GÉRONTE. — Eh ?

SGANARELLE. — Qui...

GÉRONTE. — Je vous entends.

SGANARELLE. — Votre fille en aura besoin. **(8)**

SCÈNE VI. — LUCINDE, GÉRONTE, LÉANDRE, JACQUELINE, SGANARELLE.

JACQUELINE. — Monsieur, velà votre fille, qui veut un peu marcher.

SGANARELLE. — Cela lui fera du bien. *(A Léandre.)* Allez-vous-en, Monsieur l'Apothicaire, tâter un peu son pouls, afin
5 *que je raisonne tantôt avec vous de sa maladie. (En cet endroit, il tire Géronte à un bout du théâtre, et, lui passant un bras sur les épaules, lui rabat la main sous le menton, avec laquelle il le fait retourner vers lui, lorsqu'il veut regarder ce que sa fille et l'apothicaire font ensemble, lui tenant cependant le discours*
10 *suivant pour l'amuser.)* Monsieur, c'est une grande et subtile question entre les docteurs, de savoir si les femmes sont plus faciles à guérir que les hommes. Je vous prie d'écouter ceci, s'il vous plaît. Les uns disent que non, les autres disent que oui : et moi, je dis que oui et non ; d'autant que l'incongruité

───────── QUESTIONS ─────────

7. A quoi tient le comique de ces deux répliques de Sganarelle ?

8. SUR L'ENSEMBLE DE LA SCÈNE V. — Montrez le rôle de la mise en scène dans tout ce passage, qui doit être presque « mimé ».

« Ah! ah! Messieurs! je suis tout ce qu'il vous plaira. »

(Acte premier, scène V, ligne 129.)

Illustration de l'édition de 1682.

Gravure de J.-J. Sauvé, d'après le dessin de P. Brissart.

Phot. Bernand.

« Nous autres grands médecins, nous connaissons d'abord les choses... »
(Acte II, scène IV, ligne 53.)
Théâtre national populaire (1952).

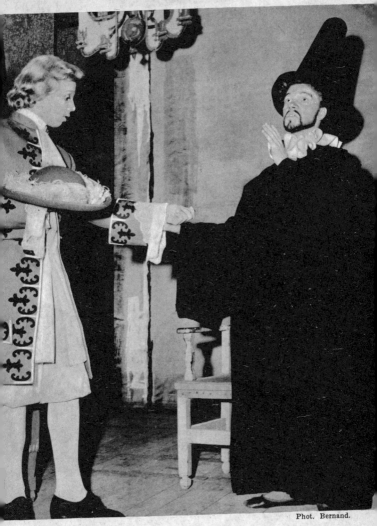

Sganarelle, prenant le poignet de Léandre :
« Voilà un pouls qui est fort mauvais. » (Acte II, scène V, ligne 5.)

Centre d'art dramatique, rue Blanche (1958).

« Ah! nourrice de mon cœur, je suis ravi de cette rencontre. »
(Acte III, scène III, ligne 2.)
Jean Richard dans le rôle de Sganarelle.
Théâtre du Palais-Royal (1961).

15 des humeurs opaques qui se rencontrent au tempérament naturel
des femmes, étant cause que la partie brutale[1] veut toujours
prendre empire sur la sensitive[2], on voit que l'inégalité de leurs
opinions dépend du mouvement oblique du cercle de la lune ;
et comme le soleil, qui darde ses rayons sur la concavité de
20 la terre, trouve... (9)

LUCINDE, *à Léandre.* — Non, je ne suis point du tout capable
de changer de sentiment. (10)

GÉRONTE. — Voilà ma fille qui parle ! O grande vertu du
remède ! O admirable médecin ! Que je vous suis obligé, Mon-
25 sieur, de cette guérison merveilleuse ! et que puis-je faire pour
vous après un tel service ?

SGANARELLE, *se promenant sur le théâtre, et s'essuyant le
front.* — Voilà une maladie qui m'a bien donné de la peine !

LUCINDE. — Oui, mon père, j'ai recouvré la parole ; mais
30 je l'ai recouvrée pour vous dire que je n'aurai jamais d'autre
époux que Léandre, et que c'est inutilement que vous voulez
me donner Horace.

GÉRONTE. — Mais...

LUCINDE. — Rien n'est capable d'ébranler la résolution que
35 j'ai prise.

GÉRONTE. — Quoi ?...

LUCINDE. — Vous m'opposerez en vain de belles raisons.

GÉRONTE. — Si...

LUCINDE. — Tous vos discours ne serviront de rien.

40 GÉRONTE. — Je...

LUCINDE. — C'est une chose où je suis déterminée.

---

1. *La partie brutale :* l'instinct, le corps ; 2. *La partie sensitive :* la raison, l'âme.

QUESTIONS

9. Montrez que cette démonstration, qui se veut péremptoire, est
d'une loufoquerie très cocasse. Vous en rechercherez l'équivalent dans
les Plaideurs de Racine. — N'y a-t-il dans cette tirade qu'une satire de
la médecine ? Quel autre procès Molière tente-t-il plaisamment de faire ?

10. Pourquoi vous semble-t-il intéressant que Lucinde retrouve à ce
moment précis l'usage de la parole ?

GÉRONTE. — Mais...

LUCINDE. — Il n'est puissance paternelle qui me puisse obliger à me marier malgré moi. **(11)**

45 GÉRONTE. — J'ai...

LUCINDE. — Vous avez beau faire tous vos efforts.

GÉRONTE. — Il....

LUCINDE. — Mon cœur ne saurait se soumettre à cette tyrannie.

50 GÉRONTE. — La...

LUCINDE. — Et je me jetterai plutôt dans un couvent que d'épouser un homme que je n'aime point. **(12)**

GÉRONTE. — Mais...

LUCINDE, *parlant d'un ton de voix à étourdir.* — Non. En
55 aucune façon. Point d'affaires[1]. Vous perdez le temps. Je n'en ferai rien. Cela est résolu.

GÉRONTE. — Ah! quelle impétuosité de paroles! Il n'y a pas moyen d'y résister. *(A Sganarelle.)* Monsieur, je vous prie de la faire redevenir muette. **(13)**

60 SGANARELLE. — C'est une chose qui m'est impossible. Tout ce que je puis faire pour votre service est de vous rendre sourd, si vous voulez.

GÉRONTE. — Je vous remercie. *(A Lucinde.)* Penses-tu donc...

LUCINDE. — Non, toutes vos raisons ne gagneront rien sur
65 mon âme.

GÉRONTE. — Tu épouseras Horace dès ce soir.

LUCINDE. — J'épouserai plutôt la mort.

---

1. *Point d'affaires :* (ne créez) pas de complications.

─────── QUESTIONS ───────

11. Cette déclaration n'a-t-elle pas un ton singulièrement moderne? Lucinde est-elle la seule des jeunes filles de Molière à émettre cette prétention?

12. Vous étudierez le mouvement de ce passage. — Un véritable renversement de situation vient de s'opérer, deux personnages aussi ont brusquement changé de visage : montrez-le.

13. Vous rapprocherez ce texte des propos d'Epistémon dans le *Tiers Livre* de Rabelais, chapitre XXXIV (éd. de la Pléiade, page 474 et 475).

SGANARELLE, *à Géronte*. — Mon Dieu! arrêtez-vous, laissez-moi médicamenter cette affaire. C'est une maladie qui la tient,
70 et je sais le remède qu'il y faut apporter.

GÉRONTE. — Serait-il possible, Monsieur, que vous pussiez aussi guérir cette maladie d'esprit?

SGANARELLE. — Oui; laissez-moi faire, j'ai des remèdes pour tout; et notre apothicaire nous servira pour cette cure. (*Il*
75 *appelle l'apothicaire et lui parle.*) Un mot. Vous voyez que l'ardeur qu'elle a pour ce Léandre est tout à fait contraire aux volontés du père, qu'il n'y a point de temps à perdre, que les humeurs sont fort aigries, et qu'il est nécessaire de trouver promptement un remède à ce mal, qui pourrait empirer par
80 le retardement. Pour moi, je n'y en vois qu'un seul, qui est une prise de fuite purgative, que vous mêlerez comme il faut avec deux drachmes[1] de matrimonium[2] en pilules. Peut-être fera-t-elle quelque difficulté à prendre ce remède : mais, comme vous êtes habile homme dans votre métier, c'est à vous de l'y
85 résoudre, et de lui faire avaler la chose du mieux que vous pourrez. Allez-vous-en lui faire faire un petit tour de jardin, afin de préparer les humeurs, tandis que j'entretiendrai ici son père; mais surtout ne perdez point de temps. Au remède, vite! au remède spécifique! (14)

Scène VII. — GÉRONTE, SGANARELLE.

GÉRONTE. — Quelles drogues, Monsieur, sont celles que vous venez de dire? il me semble que je ne les ai jamais ouï nommer.

SGANARELLE. — Ce sont drogues dont on se sert dans les nécessités urgentes.

5 GÉRONTE. — Avez-vous jamais vu une insolence pareille à la sienne?

---

1. La *drachme*, en pharmacie, est la huitième partie de l'once, qui valait environ 30 g; 2. Ce mot latin (*mariage*), employé ici de façon plaisante, prend l'allure d'un terme médical.

■ QUESTIONS ■

14. SUR L'ENSEMBLE DE LA SCÈNE VI. — Le caractère de Sganarelle d'après cette scène; montrez qu'il prend de l'assurance comme médecin et qu'il apparaît généreux pour Léandre.
— Deux grandes tirades entourent un dialogue très enlevé. Mettez en évidence l'habileté et l'intérêt de ce plan.

SGANARELLE. — Les filles sont quelquefois un peu têtues.

GÉRONTE. — Vous ne sauriez croire comme elle est affolée de ce Léandre.

10 SGANARELLE. — La chaleur du sang fait cela dans les jeunes esprits.

GÉRONTE. — Pour moi, dès que j'ai eu découvert la violence de cet amour, j'ai su tenir toujours ma fille renfermée.

SGANARELLE. — Vous avez fait sagement.

15 GÉRONTE. — Et j'ai bien empêché qu'ils n'aient eu communication ensemble.

SGANARELLE. — Fort bien.

GÉRONTE. — Il serait arrivé quelque folie, si j'avais souffert qu'ils se fussent vus.

20 SGANARELLE. — Sans doute.

GÉRONTE. — Et je crois qu'elle aurait été fille à s'en aller avec lui.

SGANARELLE. — C'est prudemment raisonné.

GÉRONTE. — On m'avertit qu'il fait tous ses efforts pour lui 25 parler.

SGANARELLE. — Quel drôle!

GÉRONTE. — Mais il perdra son temps.

SGANARELLE. — Ah! ah!

GÉRONTE. — Et j'empêcherai bien qu'il ne la voie.

30 SGANARELLE. — Il n'a pas affaire à un sot, et vous savez des rubriques[1] qu'il ne sait pas. Plus fin que vous n'est pas bête. **(15)**

SCÈNE VIII. — LUCAS, GÉRONTE, SGANARELLE.

LUCAS. — Ah! palsanguenne[2], Monsieur, vaici bian du tintamarre; votte fille s'en est enfuie avec son Liandre. C'était

---

1. Savoir des *rubriques* ou « entendre la *rubrique* » (proverbialement) : être très intelligent dans les affaires; 2. *Palsanguenne* : juron paysan pour palsambleu (par le sang de Dieu).

— QUESTIONS —

15. SUR LA SCÈNE VII. — Géronte est un père absolument ridicule. En est-il d'autres exemples aussi dans le théâtre de Molière? Cette caricature n'a-t-elle pas un aspect un peu déplaisant? Sinon pourquoi Molière l'a-t-il voulue ainsi?

lui qui était l'apothicaire; et velà Monsieu le Médecin qui a fait cette belle opération-là.

5 GÉRONTE. — Comment! m'assassiner[1] de la façon! Allons, un commissaire, et qu'on empêche qu'il ne sorte! Ah! traître! je vous ferai punir par la justice.

LUCAS. — Ah! par ma fi[2]! Monsieur le Médecin, vous serez pendu! ne bougez de là seulement. (16)

Scène IX. — MARTINE, SGANARELLE, LUCAS.

MARTINE, *à Lucas*. — Ah! mon Dieu! que j'ai eu de peine à trouver ce logis. Dites-moi un peu des nouvelles du médecin que je vous ai donné.

LUCAS. — Le velà qui va être pendu.

5 MARTINE. — Quoi! mon mari pendu! Hélas! et qu'a-t-il fait pour cela?

LUCAS. — Il a fait enlever la fille de notte maître.

MARTINE. — Hélas! mon cher mari, est-il bien vrai qu'on va te pendre?

10 SGANARELLE. — Tu vois. Ah!

MARTINE. — Faut-il que tu te laisses mourir en présence de tant de gens?

SGANARELLE. — Que veux-tu que j'y fasse?

MARTINE. — Encore, si tu avais achevé de couper notre 15 bois, je prendrais quelque consolation.

SGANARELLE. — Retire-toi de là, tu me fends le cœur. (17)

---

1. *Assassiner* : accabler (emplois fréquents de ce verbe au XVIIe siècle avec un sens figuré); 2. *Ma fi* : ma foi.

──────── QUESTIONS ────────

16. SUR LA SCÈNE VIII. — Cette péripétie n'est-elle pas dans le ton de la comédie? Ce rebondissement était-il nécessaire?
— Pourquoi avoir choisi Lucas pour dénoncer Sganarelle et Léandre?

17. Remarquez les juxtapositions comiques *couper le bois*, *fendre le cœur*. Ne donnent-elles pas le ton à la scène?

MARTINE. — Non, je veux demeurer pour t'encourager à la mort; et je ne te quitterai point que je ne t'aie vu pendu.

SGANARELLE. — Ah! **(18)**

Scène X. — GÉRONTE, SGANARELLE, MARTINE, LUCAS.

GÉRONTE, *à Sganarelle*. — Le commissaire viendra bientôt, et l'on s'en va vous mettre en lieu où l'on me répondra de vous.

SGANARELLE, *le chapeau à la main*. — Hélas! cela ne se peut-il point changer en quelques coups de bâton?

5   GÉRONTE. — Non, non, la justice en ordonnera. Mais que vois-je? **(19)**

Scène XI. — LÉANDRE, LUCINDE, JACQUELINE, LUCAS, GÉRONTE, SGANARELLE, MARTINE.

LÉANDRE. — Monsieur, je viens faire paraître Léandre à vos yeux et remettre Lucinde en votre pouvoir. Nous avons eu dessein de prendre la fuite nous deux, et de nous aller marier ensemble; mais cette entreprise a fait place à un procédé plus
5 honnête. Je ne prétends point vous voler votre fille, et ce n'est que de votre main que je veux la recevoir. Ce que je vous dirai, Monsieur, c'est que je viens tout à l'heure[1] de recevoir des lettres par où j'apprends que mon oncle est mort, et que je suis héritier de tous ses biens.

---

1. *Tout à l'heure :* à l'instant.

═══ QUESTIONS ═══

18. SUR L'ENSEMBLE DE LA SCÈNE IX. — Peut-on croire à l'absolue sincérité de Martine? Est-elle disposée à voir son mari payer de sa tête les coups qu'elle a reçus, ou ne sommes-nous pas en pleine farce?

19. SUR LA SCÈNE X. — Sganarelle a-t-il conservé toute son habileté?

10   GÉRONTE. — Monsieur, votre vertu m'est tout à fait considérable[1], et je vous donne ma fille avec la plus grande joie du monde.

SGANARELLE, *à part.* — La médecine l'a échappé belle !

MARTINE. — Puisque tu ne seras point pendu, rends-moi
15 grâce d'être médecin, car c'est moi qui t'ai procuré cet honneur.

SGANARELLE. — Oui ! c'est toi qui m'as procuré je ne sais combien de coups de bâton.

LÉANDRE, *à Sganarelle.* — L'effet en est trop beau pour en
20 garder du ressentiment[2].

SGANARELLE. — Soit. *(A Martine.)* Je te pardonne ces coups de bâton en faveur de la dignité où tu m'as élevé : mais prépare-toi désormais à vivre dans un grand respect avec un homme de ma conséquence[3], et songe que la colère d'un médecin est
25 plus à craindre qu'on ne peut croire. **(20) (21)**

_____

1. Votre valeur est tout à fait digne de ma considération ; 2. Voir page 31, note 2 ;
3. De mon rang, de mon importance (emploi populaire).

——— QUESTIONS ———

20. SUR LA SCÈNE XI. — Le revirement subit de Géronte est-il naturel ? Sur quoi se fonde-t-il ?
    — De quelle qualité Martine fait-elle preuve dans sa réplique ?
    — Comment jugez-vous le trait final ? Qu'ajoute-t-il à ce que nous savions de Sganarelle ?

21. SUR L'ENSEMBLE DE L'ACTE III. — Ce dénouement inattendu vous plaît-il ? Quelle autre fin auriez-vous donnée à la pièce ?

PERSONNAGES

VALÈRE	amant de Lucile.
SABINE	cousine de Lucile.
SGANARELLE	valet de Valère.
GORGIBUS	père de Lucile.
GROS-RENÉ	valet de Gorgibus.
LUCILE	fille de Gorgibus.
UN AVOCAT	

LE MÉDECIN VOLANT

farce

Adapté d'une farce italienne, un Medico Volante *que Boursault imita, le* Médecin volant *de Molière conserve des traces nombreuses du style de la* commedia dell'arte. *Il a dû faire, dans différents états successifs, partie des canevas que le comédien utilisait dans ses tournées provinciales. Le fidèle secrétaire La Grange en consigne seize représentations en 1659 et en 1665.*

C'est seulement en 1819 que fut découverte et publiée par Viollet-le-Duc la version que nous en possédons aujourd'hui. Doit-on en attribuer ou en refuser la paternité totale à Molière ? La critique reste encore partagée à ce sujet. Il semble bien difficile de ne pas trouver, en partie du moins, dans ce premier « brouillon », la marque de l'auteur du Médecin malgré lui.

C'est en tout cas un document important pour la recherche de l'évolution du style et de la technique de Molière, auteur de farces.

Scène première. — VALÈRE, SABINE.

VALÈRE. — Hé bien! Sabine, quel conseil me donneras-tu?

SABINE. — Vraiment, il y a bien des nouvelles. Mon oncle veut résolument que ma cousine épouse Villebrequin, et les affaires sont tellement avancées, que je crois qu'ils eussent été mariés dès aujour-
5 d'hui si vous n'étiez aimé; mais comme cousine m'a confié le secret de l'amour qu'elle vous porte, et que nous nous sommes vues à l'extrémité par l'avarice de mon vilain oncle, nous nous sommes avisées d'une bonne invention pour différer le mariage. C'est que ma cousine, dès[1] l'heure que je vous parle, contrefait la malade;
10 et le bon vieillard, qui est assez crédule, m'envoie quérir[2] un médecin. Si vous en pouviez envoyer quelqu'un qui fût de vos bons amis, et qui fût de notre intelligence[3], il conseillerait à la malade de prendre l'air à la campagne. Le bonhomme ne manquera pas de faire loger ma cousine à[4] ce pavillon qui est au bout de notre jardin, et, par
15 ce moyen, vous pourriez l'entretenir à l'insu de notre vieillard, l'épouser, et le laisser pester tout son soûl avec Villebrequin.

VALÈRE. — Mais le moyen de trouver sitôt un médecin, à ma poste[5], et qui voulût tant hasarder pour mon service? Je te le dis franchement, je n'en connais pas un.

---

1. *Dès l'heure que :* immédiatement; **2.** Chercher; **3.** De connivence; **4.** *A :* dedans;
5. A ma convenance.

20   SABINE. — Je songe une chose : si vous faisiez habiller votre valet
en médecin? Il n'y a rien de si facile à duper que le bonhomme.

VALÈRE. — C'est un lourdaud qui gâtera tout; mais il faut s'en
servir faute d'autre. Adieu, je le vais chercher. Où diable trouver
ce maroufle¹ à présent? Mais le voici tout à propos.

SCÈNE II. — VALÈRE, SGANARELLE.

VALÈRE. — Ah! mon pauvre Sganarelle, que j'ai de joie de te voir!
J'ai besoin de toi dans une affaire de conséquence²; mais, comme
je ne sais pas ce que tu sais faire...

SGANARELLE. — Ce que je sais faire, Monsieur? Employez-moi
5 seulement en vos affaires de conséquence, en quelque chose d'importance; par exemple, envoyez-moi voir quelle heure il est à une hor-
loge, voir combien le beurre vaut au marché, abreuver un cheval;
c'est alors que vous connaîtrez³ ce que je sais faire.

VALÈRE. — Ce n'est pas cela; c'est qu'il faut que tu contrefasses
10 le médecin.

SGANARELLE. — Moi, médecin, Monsieur! Je suis prêt à faire tout
ce qu'il vous plaira; mais pour faire le médecin, je suis assez votre
serviteur pour n'en rien faire du tout; et par quel bout m'y prendre,
bon Dieu? Ma foi, Monsieur, vous vous moquez de moi.

15   VALÈRE. — Si tu veux entreprendre cela, va, je te donnerai dix
pistoles.

SGANARELLE. — Ah! pour dix pistoles, je ne dis pas que je ne sois
médecin; car, voyez-vous bien, Monsieur, je n'ai pas l'esprit tant,
tant subtil, pour vous dire la vérité. Mais, quand je serai médecin,
20 où irai-je⁴?

VALÈRE. — Chez le bonhomme Gorgibus, voir sa fille, qui est
malade; mais tu es un lourdaud qui, au lieu de bien faire, pourrais
bien...

SGANARELLE. — Hé! mon Dieu, Monsieur, ne soyez point en
25 peine; je vous réponds que je ferai aussi bien mourir une personne
qu'aucun médecin qui soit dans la ville. On dit un proverbe d'ordi-
naire⁵ : « Après la mort le médecin »; mais vous verrez que si je

---

1. Grossier personnage; 2. D'importance; 3. Vous saurez; 4. Jusqu'à quel point
de subtilité irai-je?; 5. Habituellement.

m'en mêle, on dira : « Après le médecin, gare la mort! » Mais néanmoins, quand je songe, cela est bien difficile de faire le médecin;
30 et si je ne fais rien qui vaille?

VALÈRE. — Il n'y a rien de si facile en cette rencontre : Gorgibus
est un homme simple, grossier, qui se laissera étourdir de ton discours, pourvu que tu parles d'Hippocrate et de Galien[1], et que tu
sois un peu effronté.

35 SGANARELLE. — C'est-à-dire qu'il lui faudra parler philosophie,
mathématique. Laissez-moi faire; s'il est un homme facile comme
vous le dites, je vous réponds de tout. Venez seulement me faire
avoir un habit de médecin, et m'instruire de ce qu'il faut faire, et
me donner mes licences qui sont les dix pistoles promises. *(Valère et*
40 *Sganarelle s'en vont.)*

SCÈNE III. — GORGIBUS, GROS-RENÉ.

GORGIBUS. — Allez vitement chercher un médecin; car ma fille
est bien malade, et dépêchez-vous.

GROS-RENÉ. — Que diable aussi! pourquoi vouloir donner votre
fille à un vieillard? Croyez-vous que ce ne soit pas le désir qu'elle a
5 d'avoir un jeune homme qui la travaille? Voyez-vous la connexité
qu'il y a, etc. *(Galimatias[2].)*

GORGIBUS. — Va-t'en vite; je vois bien que cette maladie-là reculera
bien les noces.

GROS-RENÉ. — Et c'est ce qui me fait enrager; je croyais refaire
10 mon ventre d'une bonne garbure[3], et m'en voilà sevré. Je m'en vais
chercher un médecin pour moi, aussi bien que pour votre fille; je
suis désespéré. *(Il sort.)*

SCÈNE IV. — SABINE, GORGIBUS, SGANARELLE.

SABINE. — Je vous trouve à propos, mon oncle, pour vous apprendre
une bonne nouvelle. Je vous amène le plus habile médecin du monde,
un homme qui vient des pays étrangers, qui sait les plus beaux secrets,
et qui sans doute guérira ma cousine. On me l'a indiqué par bonheur,
5 et je vous l'amène. Il est si savant, que je voudrais de bon cœur être
malade afin qu'il me guérît.

GORGIBUS. — Où est-il donc?

SABINE. — Le voilà qui me suit; tenez, le voilà.

---

1. Hippocrate et Galien, célèbres médecins grecs, jouissaient encore d'un grand
prestige au XVIIe siècle; 2. *Etc. (Galimatias.)* Ces deux mots laissent libre cours à
l'acteur pour une improvisation dans le style de la commedia dell'arte; 3. La *garbure*
est une soupe gasconne à base de jambon, confit d'oie, lard et légumes.

GORGIBUS. — Très humble serviteur à Monsieur le Médecin! Je
10 vous envoie querir pour voir ma fille qui est malade; je mets toute
mon espérance en vous.

SGANARELLE. — Hippocrate dit, et Galien[1], par vives raisons, per-
suade qu'une personne ne se porte pas bien quand elle est malade.
Vous avez raison de mettre votre espérance en moi; car je suis le
15 plus grand, le plus habile, le plus docte médecin qui soit dans la
faculté végétale, sensitive et minérale.

GORGIBUS. — J'en suis fort ravi.

SGANARELLE. — Ne vous imaginez pas que je sois un médecin
ordinaire, un médecin du commun. Tous les autres médecins ne sont,
20 à mon égard, que des avortons de médecine. J'ai des talents particuliers, j'ai des secrets. *Salamalec, salamalec. Rodrigue, as-tu du
cœur? Signor, si; signor, non, Per omnia saecula saeculorum*[2]. Mais
encore voyons un peu.

SABINE. — Eh! ce n'est pas lui qui est malade, c'est sa fille.

25 SGANARELLE. — Il n'importe : le sang du père et de la fille ne sont
qu'une même chose, et par l'altération de celui du père, je puis
connaître la maladie de la fille. Monsieur Gorgibus, y aurait-il
moyen de voir l'urine de l'égrotante?

GORGIBUS. — Oui-da; Sabine, vite allez querir de l'urine de ma
30 fille. *(Sabine sort.)* Monsieur le Médecin, j'ai grand-peur qu'elle
ne meure.

SGANARELLE. — Ah! qu'elle s'en garde bien! Il ne faut pas qu'elle
s'amuse à se laisser mourir sans l'ordonnance du médecin. *(Sabine
rentre.)* Voilà de l'urine qui marque grande chaleur, grande inflam-
35 mation dans les intestins; elle n'est pas tant mauvaise pourtant.

GORGIBUS. — Hé quoi! Monsieur, vous l'avalez?

SGANARELLE. — Ne vous étonnez pas de cela : les médecins,
d'ordinaire, se contentent de la regarder; mais moi, qui suis un
médecin hors du commun, je l'avale, parce qu'avec le goût je dis-
40 cerne bien mieux la cause et les suites de la maladie. Mais, à vous
dire la vérité, il y en avait trop peu pour asseoir un bon jugement;
qu'on la fasse encore pisser.

SABINE, *sort et revient.* — J'ai bien eu de la peine à la faire pisser.

SGANARELLE. — Que cela! voilà bien de quoi! Faites-la pisser
45 copieusement, copieusement. Si tous les malades pissent de la sorte,
je veux être médecin toute ma vie.

---

1. Voir plus haut, page 83, note 1; 2. On appréciera le comique de cette accumulation de mots empruntés à l'arabe, au *Cid* de Corneille, à l'italien et au latin d'église.

SABINE, *sort et revient*. — Voilà tout ce qu'on peut avoir; elle ne peut pas pisser davantage.

SGANARELLE. — Quoi! Monsieur Gorgibus, votre fille ne pisse que
50 des gouttes? Voilà une pauvre pisseuse que votre fille; je vois bien qu'il faudra que je lui ordonne une potion pissative. N'y aurait-il pas moyen de voir la malade?

SABINE. — Elle est levée; si vous voulez, je la ferai venir.

SCÈNE V. — LUCILE, SABINE, GORGIBUS, SGANARELLE.

SGANARELLE. — Hé bien! Mademoiselle, vous êtes malade?

LUCILE. — Oui, Monsieur.

SGANARELLE. — Tant pis! c'est une marque que vous ne vous portez pas bien. Sentez-vous de grandes douleurs à la tête, aux reins?

5 LUCILE. — Oui, Monsieur.

SGANARELLE. — C'est fort bien fait. Ovide, ce grand médecin[1], au chapitre qu'il a fait de la nature des animaux, dit... cent belles choses; et comme les humeurs qui ont de la connexité ont beaucoup de rapport; car, par exemple, comme la mélancolie est ennemie de
10 la joie, et que la bile qui se répand par le corps nous fait devenir jaunes, et qu'il n'est rien plus contraire à la santé que la maladie, nous pouvons dire, avec ce grand homme, que votre fille est fort malade. Il faut que je vous fasse une ordonnance.

GORGIBUS. — Vite une table, du papier, de l'encre.

15 SGANARELLE. — Y a-t-il ici quelqu'un qui sache écrire?

GORGIBUS. — Est-ce que vous ne le savez point?

SGANARELLE. — Ah! je ne m'en souvenais pas; j'ai tant d'affaires dans la tête, que j'oublie la moitié... Je crois qu'il serait nécessaire que votre fille prît un peu l'air, qu'elle se divertît à la campagne.

20 GORGIBUS. — Nous avons un fort beau jardin, et quelques chambres qui y répondent[2]; si vous le trouvez à propos, je l'y ferai loger.

SGANARELLE. — Allons, allons visiter les lieux. *(Ils sortent tous.)*

SCÈNE VI. — L'AVOCAT.

L'AVOCAT. — J'ai ouï dire que la fille de M. Gorgibus était malade; il faut que je m'informe de sa santé, et que je lui offre mes services comme ami de toute sa famille. Holà! holà! M. Gorgibus y est-il?

---

1. Ovide, poète latin, n'a rien écrit sur la médecine; 2. Qui y ont accès.

Scène VII. — GORGIBUS, L'AVOCAT.

GORGIBUS. — Monsieur, votre très humble, etc.[1]

L'AVOCAT. — Ayant appris la maladie de Mademoiselle votre fille, je vous suis venu témoigner la part que j'y prends, et vous faire offre de tout ce qui dépend de moi.

5   GORGIBUS. — J'étais là-dedans avec le plus savant des hommes.

L'AVOCAT. — N'y aurait-il pas moyen de l'entretenir un moment?

Scène VIII. — GORGIBUS, L'AVOCAT, SGANARELLE.

GORGIBUS. — Monsieur, voilà un fort habile homme de mes amis qui souhaiterait de vous parler et vous entretenir.

SGANARELLE. — Je n'ai pas de loisir, Monsieur Gorgibus : il faut aller à mes malades. Je ne prendrai pas la droite avec vous, Monsieur.

5   L'AVOCAT. — Monsieur, après ce que m'a dit M. Gorgibus de votre mérite et de votre savoir, j'ai eu la plus grande passion du monde d'avoir l'honneur de votre connaissance, et j'ai pris la liberté de vous saluer à ce dessein; je crois que vous ne le trouverez pas mauvais. Il faut avouer que tous ceux qui excellent en quelque 10 science sont dignes de grande louange, et particulièrement ceux qui font profession de la médecine, tant à cause de son utilité que parce qu'elle contient en elle plusieurs autres sciences, ce qui rend sa parfaite connaissance fort difficile; et c'est fort à propos qu'Hippocrate dit dans son premier aphorisme : *Vita brevis, ars vero longa,* 15 *occasio autem praeceps, experimentum periculosum, judicium difficile*[2].

SGANARELLE, *à Gorgibus.* — *Ficile tantina pota baril cambustibus*[3].

L'AVOCAT. — Vous n'êtes pas de ces médecins qui ne vous appliquez qu'à la médecine qu'on appelle rationale ou dogmatique, et je crois que vous l'exercez tous les jours avec beaucoup de succès : 20 *experientia magistra rerum*[4]. Les premiers hommes qui firent profession de la médecine furent tellement estimés d'avoir cette belle science, qu'on les mit au nombre des dieux pour les belles cures qu'ils faisaient tous les jours. Ce n'est pas qu'on doive mépriser un médecin qui n'aurait pas rendu la santé à son malade, parce qu'elle ne dépend 25 pas absolument de ses remèdes, ni de son savoir : *Interdum docta plus valet arte malum*[5]. Monsieur, j'ai peur de vous être importun;

---

1. Cet *etc.* marque la liberté donnée à l'acteur d'ajouter toutes les drôleries qui lui passeront par la tête. C'est le style de la commedia dell'arte; 2. « La vie est courte, l'art est long, l'occasion abrupte, l'expérience dangereuse, le jugement difficile »; 3. Mots sans aucune signification; 4. « L'expérience instruit des choses »; 5. « Le mal est plus fort parfois que l'art et que la science. »

je prends congé de vous, dans l'espérance que j'ai qu'à la première vue j'aurai l'honneur de converser avec vous avec plus de loisir. Vos heures vous sont précieuses, etc. *(L'avocat sort.)*

30   GORGIBUS. — Que vous semble de cet homme-là?

SGANARELLE. — Il sait quelque petite chose. S'il fût demeuré tant soit peu davantage, je l'allais mettre sur une matière sublime et relevée. Cependant, je prends congé de vous. *(Gorgibus lui donne de l'argent.)* Hé! que voulez-vous faire?

35   GORGIBUS. — Je sais bien ce que je vous dois.

SGANARELLE. — Vous vous moquez, Monsieur Gorgibus. Je n'en prendrai pas, je ne suis pas un homme mercenaire. *(Il prend l'argent.)* Votre très humble serviteur. *(Sganarelle sort et Gorgibus rentre dans sa maison.)*

Scène IX. — VALÈRE.

VALÈRE. — Je ne sais ce qu'aura fait Sganarelle; je n'ai point eu de ses nouvelles, et je suis fort en peine où je le pourrais rencontrer. *(Sganarelle revient en habit de valet.)* Mais bon, le voici. Hé bien! Sganarelle, qu'as-tu fait depuis que je ne t'ai point vu?

Scène X. — SGANARELLE, VALÈRE.

SGANARELLE. — Merveille sur merveille! j'ai si bien fait que Gorgibus me prend pour un habile médecin. Je me suis introduit chez lui et lui ai conseillé de faire prendre l'air à sa fille, laquelle est à présent dans un appartement qui est au bout de leur jardin, telle-
5 ment qu'elle est fort éloignée du vieillard, et que vous pouvez l'aller voir commodément.

VALÈRE. — Ah! que tu me donnes de joie! Sans perdre de temps, je vais la trouver de ce pas. *(Il sort.)*

SGANARELLE. — Il faut avouer que ce bonhomme Gorgibus est
10 un vrai lourdaud de se laisser tromper de la sorte. *(Apercevant Gorgibus.)* Ah! ma foi, tout est perdu; c'est à ce coup que voilà la médecine renversée. Mais il faut que je le trompe.

Scène XI. — SGANARELLE, GORGIBUS.

GORGIBUS. — Bonjour, Monsieur.

SGANARELLE. — Monsieur, votre serviteur. Vous voyez un pauvre garçon au désespoir : ne connaissez-vous pas un médecin qui est arrivé depuis peu en cette ville, qui fait des cures admirables?

5   GORGIBUS. — Oui, je le connais; il vient de sortir de chez moi.

SGANARELLE. — Je suis son frère, Monsieur; nous sommes gémeaux[1], et, comme nous nous ressemblons fort, on nous prend quelquefois l'un pour l'autre.

GORGIBUS. — Je dédonne au diable si je n'y ai été trompé. Et
10 comme[2] vous nommez-vous?

SGANARELLE. — Narcisse, Monsieur, pour vous rendre service. Il faut que vous sachiez qu'étant dans son cabinet, j'ai répandu deux fioles d'essence qui étaient sur le bout de sa table; aussitôt il s'est mis dans une colère si étrange contre moi, qu'il m'a mis hors du
15 logis et ne me veut plus jamais voir, tellement que je suis un pauvre garçon à présent, sans appui, sans support, sans aucune connaissance.

GORGIBUS. — Allez, je ferai votre paix; je suis de ses amis, et je vous promets de vous remettre avec lui. Je lui parlerai d'abord que[3] je le verrai.

20 SGANARELLE. — Je vous serai bien obligé, Monsieur Gorgibus.
(Sganarelle sort et rentre aussitôt avec sa robe de médecin.)

Scène XII. — SGANARELLE, GORGIBUS.

SGANARELLE. — Il faut avouer que quand les malades ne veulent pas suivre l'avis du médecin, et qu'ils s'abandonnent à la débauche que...

GORGIBUS. — Monsieur le Médecin, votre très humble serviteur.
5 Je vous demande une grâce.

SGANARELLE. — Qu'y a-t-il, Monsieur? Est-il question de vous rendre service?

GORGIBUS. — Monsieur, je viens de rencontrer Monsieur votre frère, qui est tout à fait fâché de...

10 SGANARELLE. — C'est un coquin, Monsieur Gorgibus.

GORGIBUS. — Je vous réponds qu'il est tellement contrit de vous avoir mis en colère...

SGANARELLE. — C'est un ivrogne, Monsieur Gorgibus.

GORGIBUS. — Hé! Monsieur, vous voulez désespérer ce pauvre
15 garçon?

SGANARELLE. — Qu'on ne m'en parle plus; mais voyez l'impudence de ce coquin-là, de vous aller trouver pour faire son accord; je vous prie de ne m'en pas parler.

GORGIBUS. — Au nom de Dieu! Monsieur le Médecin, et faites
20 cela pour l'amour de moi. Si je suis capable de vous obliger en autre chose, je le ferai de bon cœur. Je m'y suis engagé, et...

---

1. Jumeaux; 2. Comment; 3. Dès que.

SGANARELLE. — Vous m'en priez avec tant d'instance que, quoique j'eusse fait serment de ne lui pardonner jamais, allez, touchez là, je lui pardonne. Je vous assure que je me fais grande violence, et
25 qu'il faut que j'aie bien de la complaisance pour vous. Adieu, Monsieur Gorgibus.

GORGIBUS. — Monsieur, votre très humble serviteur; je m'en vais chercher ce pauvre garçon pour lui apprendre cette bonne nouvelle. *(Gorgibus entre dans sa maison et Sganarelle s'en va.)*

Scène XIII. — VALÈRE, SGANARELLE.

VALÈRE. — Il faut que j'avoue que je n'eusse jamais cru que Sganarelle se fût si bien acquitté de son devoir. *(Sganarelle rentre avec ses habits de valet.)* Ah! mon pauvre garçon, que je t'ai d'obligation! que j'ai de joie! et que...
5 SGANARELLE. — Ma foi, vous parlez fort à votre aise. Gorgibus m'a rencontré; et, sans une invention que j'ai trouvée, toute la mèche était découverte. *(Apercevant Gorgibus.)* Mais fuyez-vous-en, le voici. *(Valère sort.)*

Scène XIV. — GORGIBUS, SGANARELLE.

GORGIBUS. — Je vous cherchais partout pour vous dire que j'ai parlé à votre frère. Il m'a assuré qu'il vous pardonnait; mais, pour en être plus assuré, je veux qu'il vous embrasse en ma présence. Entrez dans mon logis, et je l'irai chercher.
5 SGANARELLE. — Ah! Monsieur Gorgibus; je ne crois pas que vous le trouviez à présent; et puis je ne resterai pas chez vous : je crains trop sa colère.

GORGIBUS. — Ah! vous demeurerez, car je vous enfermerai. Je m'en vais à présent chercher votre frère; ne craignez rien, je vous
10 réponds qu'il n'est plus fâché. *(Gorgibus sort.)*

SGANARELLE, *de la fenêtre.* — Ma foi, me voilà attrapé ce coup-là; il n'y a plus moyen de m'en échapper. Le nuage est fort épais, et j'ai bien peur que, s'il vient à crever, il ne grêle sur mon dos force coups de bâton ou que, par quelque ordonnance plus forte que
15 toutes celles des médecins, on m'applique tout au moins un cautère royal[1] sur les épaules. Mes affaires vont mal; mais pourquoi se désespérer? Puisque j'ai tant fait, poussons la fourbe jusques au bout. Oui, oui, il en faut encore sortir, et faire voir que Sganarelle est le roi des fourbes. *(Sganarelle saute par la fenêtre et s'en va.)*

---

1. Le *cautère royal*, c'était, au nom de la justice du roi, la marque qu'imprimait au fer rouge le bourreau sur l'épaule de certains condamnés.

Scène XV. — GROS-RENÉ, GORGIBUS, SGANARELLE.

GROS-RENÉ. — Ah! ma foi, voilà qui est drôle! comme diable on saute ici par les fenêtres! Il faut que je demeure ici, et que je voie à quoi tout cela aboutira.

GORGIBUS. — Je ne saurais trouver ce médecin; je ne sais où diable
5 il s'est caché. *(Apercevant Sganarelle qui revient en habit de médecin.)* Mais le voici. Monsieur, ce n'est pas assez d'avoir pardonné à votre frère; je vous prie, pour ma satisfaction, de l'embrasser : il est chez moi, je vous cherchais partout pour vous prier de faire cet accord en ma présence.

10 SGANARELLE. — Vous vous moquez, Monsieur Gorgibus; n'est-ce pas assez que je lui pardonne? je ne le veux jamais voir.

GORGIBUS. — Mais, Monsieur, pour l'amour de moi.

SGANARELLE. — Je ne vous saurais rien refuser : dites-lui qu'il descende. *(Pendant que Gorgibus entre dans sa maison par la porte,*
15 *Sganarelle y entre par la fenêtre.)*

GORGIBUS, *à la fenêtre.* — Voilà votre frère qui vous attend là-bas : il m'a promis qu'il fera tout ce que je voudrai.

SGANARELLE, *à la fenêtre.* — Monsieur Gorgibus, je vous prie de le faire venir ici; je vous conjure que ce soit en particulier que je lui
20 demande pardon, parce que sans doute il me ferait cent hontes et cent opprobres devant tout le monde. *(Gorgibus sort de sa maison par la porte et Sganarelle par la fenêtre.)*

GORGIBUS. — Oui-da, je m'en vais lui dire. Monsieur, il dit qu'il est honteux et qu'il vous prie d'entrer, afin qu'il vous demande
25 pardon en particulier. Voilà la clef, vous pouvez entrer; je vous supplie de ne me pas refuser et de me donner ce contentement.

SGANARELLE. — Il n'y a rien que je ne fasse pour votre satisfaction : vous allez entendre de quelle manière je le vais traiter. *(A la fenêtre.)* Ah! te voilà, coquin. — Monsieur mon frère, je vous demande
30 pardon, je vous promets qu'il n'y a point de ma faute. — Il n'y a point de ta faute, pilier de débauche, coquin? Va, je t'apprendrai à vivre. Avoir la hardiesse d'importuner M. Gorgibus, de lui rompre la tête de tes sottises! — Monsieur mon frère... — Tais-toi, te dis-je. — Je ne vous désoblig... — Tais-toi, coquin!

35 GROS-RENÉ. — Qui diable pensez-vous qui soit chez vous à présent?

GORGIBUS. — C'est le médecin et Narcisse son frère; ils avaient quelque différend et ils font leur accord.

GROS-RENÉ. — Le diable emporte! ils ne sont qu'un.

SGANARELLE, *à la fenêtre.* — Ivrogne que tu es, je t'apprendrai à
40 vivre! Comme il baisse la vue! Il voit bien qu'il a failli[1], le pendard.
Ah! l'hypocrite, comme il fait le bon apôtre.

GROS-RENÉ. — Monsieur, dites-lui un peu par plaisir qu'il fasse
mettre son frère à la fenêtre.

GORGIBUS. — Oui-da, Monsieur le Médecin, je vous prie de faire
45 paraître votre frère à la fenêtre.

SGANARELLE, *de la fenêtre.* — Il est indigne de la vue des gens d'honneur, et puis je ne le saurais souffrir auprès de moi.

GORGIBUS. — Monsieur, ne me refusez pas cette grâce, après toutes
celles que vous m'avez faites.

50 SGANARELLE, *de la fenêtre.* — En vérité, Monsieur Gorgibus, vous
avez un tel pouvoir sur moi que je ne vous puis rien refuser. Montre,
montre-toi, coquin! *(Après avoir disparu un moment, il se remontre
en habit de valet.)* — Monsieur Gorgibus, je suis votre obligé. *(Il
disparaît encore, et reparaît aussitôt en robe de médecin.)* — Hé
55 bien! avez-vous vu cette image de la débauche?

GROS-RENÉ. — Ma foi, ils ne sont qu'un; et pour vous le prouver,
dites-lui un peu que vous les voulez voir ensemble.

GORGIBUS. — Mais faites-moi la grâce de le faire paraître avec
vous et de l'embrasser devant moi à la fenêtre.

60 SGANARELLE, *de la fenêtre.* — C'est une chose que je refuserais à
tout autre qu'à vous; mais pour vous montrer que je veux tout faire
pour l'amour de vous, je m'y résous, quoique avec peine, et veux
auparavant qu'il vous demande pardon de toutes les peines qu'il
vous a données. — Oui, Monsieur Gorgibus, je vous demande par-
65 don de vous avoir tant importuné, et vous promets, mon frère, en
présence de Monsieur Gorgibus que voilà, de faire si bien désormais, que vous n'aurez plus lieu de vous plaindre, vous priant de
ne plus songer à ce qui s'est passé. *(Il embrasse son chapeau et sa
fraise, qu'il a mis au bout de son coude.)*

70 GORGIBUS. — Hé bien! ne les voilà pas tous deux?

GROS-RENÉ. — Ah! par ma foi, il est sorcier.

SGANARELLE, *sortant de la maison, en médecin.* — Monsieur, voilà
la clef de votre maison que je vous rends; je n'ai pas voulu que ce
coquin soit descendu avec moi, parce qu'il me fait honte : je ne
75 voudrais pas qu'on le vît en ma compagnie dans la ville, où je suis
en quelque réputation. Vous irez le faire sortir quand bon vous sem-
blera. Je vous donne le bonjour, et suis votre, etc[2]. *(Il feint de s'en*

---

1. Qu'il a commis une faute; 2. Voir plus haut, page 83, note 2.

aller et, après avoir mis bas sa robe, rentre dans la maison par la fenêtre.)

80   GORGIBUS. — Il faut que j'aille délivrer ce pauvre garçon; en vérité, s'il lui a pardonné, ce n'a pas été sans le bien maltraiter. *(Il entre dans sa maison et en sort avec Sganarelle en habit de valet.)*

SGANARELLE. — Monsieur, je vous remercie de la peine que vous avez prise et de la bonté que vous avez eue : je vous en serai obligé 85 toute ma vie.

GROS-RENÉ. — Où pensez-vous que soit à présent le médecin?

GORGIBUS. — Il s'en est allé.

GROS-RENÉ, *qui a ramassé la robe de Sganarelle.* — Je le tiens sous mon bras. Voilà le coquin qui faisait le médecin, et qui vous trompe. 90 Cependant qu'il vous trompe et joue la farce chez vous, Valère et votre fille sont ensemble, qui s'en vont à tous les diables.

GORGIBUS. — Ah! que je suis malheureux! mais tu seras pendu, fourbe, coquin!

SGANARELLE. — Monsieur, qu'allez-vous faire de me pendre? 95 Écoutez un mot, s'il vous plaît. Il est vrai que c'est par mon invention que mon maître est avec votre fille; mais en le servant, je ne vous ai point désobligé : c'est un parti sortable pour elle, tant pour la naissance que pour les biens. Croyez-moi, ne faites point un vacarme qui tournerait à votre confusion, et envoyez à tous les 100 diables ce coquin-là, avec Villebrequin. Mais voici nos amants.

SCÈNE DERNIÈRE. — VALÈRE, LUCILE, GORGIBUS, SGANARELLE.

VALÈRE. — Nous nous jetons à vos pieds.

GORGIBUS. — Je vous pardonne, et suis heureusement trompé par Sganarelle, ayant un si brave gendre. Allons tous faire noces et boire à la santé de toute la compagnie.

DOCUMENTATION THÉMATIQUE

réunie par la Rédaction des Nouveaux Classiques Larousse

1. MOLIÈRE ET LA TRADITION

1.1. *LE VILAIN MIRE*

Dès le Moyen Age, en France, les médecins sont déjà un excellent sujet comique; *le Vilain mire* en est un exemple. On démêlera dans le texte suivant les différents thèmes satiriques et on les confrontera à ceux du *Médecin malgré lui*.

1 Jadis était un vilain riche,	
Qui moult était avare et chiche;	
Une charrue adés* avait,	*en ce temps-là
Par tous temps la maintenait*	*l'attelait
D'une jument et d'un roussin*;	*cheval de labour
Assez avait chair, pain et vin	
Et ce que métier* lui était,	*nécessaire
Mais par ce que femme n'avait,	
Le blamaient moult ses amis	
10 Et toute la gent autre aussi.	
Il dit volontiers en prendrait	
Une bonne, s'il la trouvait;	
Ceux-ci disent qu'ils lui querront*	*chercheront
La meilleure qu'ils trouveront.	
Au pays eut un chevalier,	
Vieil homme était et sans mollier*;	*femme
Mais avait une fille moult belle	
Et très courtoise demoiselle,	
Mais par ce qu'avoir lui faillait*,	*faisait défaut
20 Le chevalier pas ne trouvait	
Qui sa fille lui demandât,	
Que volontiers la mariât[1]	
Puisqu'elle était d'âge	
Et en point d'avoir mariage.	
Les amis du vilain allèrent	
Au chevalier et demandèrent	
Sa fille pour le paysan	
Qui tant avait or et argent,	
Planté* froment et planté* draps.	*abondance de
30 Il leur donna isnel* le pas	*sur-le-champ
Et octroya* ce mariage.	*accorda
La pucelle qui moult fut sage	
N'osa contredire son père,	
Car orpheline était de mère,	
Si octroya* ce qui lui plut,	*accorda
Et le vilain plus tôt qu'il put	
Fit ses noces et épousa	

Celle qui fortement pesa*   *réfléchit
Si autre chose elle osa faire²·
40 Quand trépassé* eut cette affaire   *terminé
Et des noces et d'autre chose,
Ne demeura pas grande pose*   *temps
Quand le vilain se pourpensa*   *réfléchit
Que malement exploité a :
Convenait mie* à son métier   *peu
D'avoir fille de chevalier;
Quand il ira à la charrue
Les vassaux iront par la rue
Les jours ordinaires ou fériés,
50 [.................]
56 « Las, moi chétif*, fait le vilain,   *malheureux
Or ne me sais je conseiller*   *Je ne sais quelle décision prendre
Car repentir n'y a métier*. »   *besoin
Lors se commence à pourpenser
60 Comment de cela peut garder* :   *se préserver
« Dieu, fait il, si je la battais
Au matin quand me lèverais,
Elle pleurerait au long du jour,
Je m'en irais à mon labour
Bien sais tant qu'elle pleurerait
Que nul ne la donoierait*.   *courtiserait
Aux vêpres* quand je reviendrais,   *le soir
Pour Dieu merci je la prierais*,   *je lui demanderais pardon
Je la ferais au soir haitie*   *heureuse
70 Plus au matin est courroucie³·
J'en prendrais alors le congé,
Si j'avais* un peu mangé. »   *après avoir
Le vilain demande à dîner :
La dame lui court apporter;
N'eurent pas saumon ni perdrix :
Pain et vin eurent et œufs frits
Et du fromage à grand planté*   *abondance
Que le vilain avait amassé.
Et quand la table fut ôtée,
80 De sa paume grande et lée*,   *large
Frappe sa femme sur la face
Que des doigts y parut la trace,
Puis l'a prise par les cheveux
Le vilain qui moult était feus*,   *cruel
Si l'a battue tout aussi
Que si elle l'eût desservi*;   *mérité
Puis vint aux champs isnelement*,   *rapidement
Et sa femme remit* pleurant.   *resta
« Lasse*, fait elle, que ferai?   *malheureuse

90 Et comment me conseillerai?*   *quelle décision pren-
   Or ne sais je mais que je die⁴;   drai-je?
   Or m'a mon père bien trahie
   Qui m'a donnée à ce vilain.
   Cuidais* je mourir de faim?   *pensais-je
   Certes bien eu je au cœur la rage
   Quand j'octroyai* tel mariage :   *je donnai mon
   Dieu! pourquoi fut ma mère morte! »   accord à
   Si durement se déconforte*   *se lamente
   Que tous les gens qui y venaient
100 Pour la voir s'en retournaient.
   Ainsi a douleur demené*   *s'est agitée de dou-
   Tant que le soleil fut esconssé*   leur
   Que le vilain est repérié*.   *caché
   A sa femme chut aux pieds,   *revenu
   Et la pria pour Dieu merci :
   « Sachez ce me fut Ennemi*   *le Diable
   Qui me fit faire tel desroi*;   *faute
   Tenez je vous plévis* ma foi   *garantis
   Que jamais ne vous toucherai :
110 De tant que battue vous ai*   *De vous avoir tant
   Suis je courroucé et dolent*. »   battue
   Tant lui dit le vilain pulent*   *affligé
   Que la dame lors lui pardonne.   *infect
   Et à manger tantôt lui donne
   De ce qu'elle eut appareillé*;   *préparé
   Quand ils eurent assez mangé,
   S'en allèrent coucher en paix.
   Au matin le vilain punais*   *puant
   Rend sa femme si étourdie
120 De l'avoir pour peu méhaingnie*,   *maltraitée
   Puis s'en reva* aux champs arer**.   *retourne **labourer
   La dame commence à pleurer :
   « Lasse, fit elle, que ferai?
   Et comment me conseillerai?
   Bien sais que mal m'est advenu
   Fut onques* mon mari battu?   *jamais
   Nenni, il ne sait que coups sont;
   S'il le savait, pour tout le mont*,   *monde
   Il ne m'en donnerait autant. »
130 Tandis qu'ainsi s'allait dementant*,   *perdant la tête
   Voici deux messagers du roi,
   Chacun sur un blanc palefroi;
   Vers la dame ils éperonnèrent
   De par le roi la saluèrent,
   Puis demandèrent à manger
   Car ils en eurent bien métier*.   *besoin

Volontiers leur en a donné;
Et puis ainz* a demandé :　　　　　　　　　*ainsi
« D'où êtes vous et où allez?
140 Et dites moi ce que vous querez*. »　　　　*cherchez
L'un répond : « Dame, par ma foi,
Nous sommes messagers du roi;
Il nous envoie un mire* querre,　　　　　　*médecin
Passer devons en Angleterre.

— Pour quoi faire? — Damoiselle Ade*,　　*Demoiselle Aude
La fille du roi, est malade;
Elle a passé huit jours entiers
Que ne put boire ni manger,
Car une arête de poisson
150 Lui est restée dans le gavion* :　　　　　　*gosier
Or est le roi si courroucé;
S'il la perd ne sera plus liez*. »　　　　　　*heureux
Et dit la dame : « Vous n'irez
Pas si loin comme vous pensez,
Car mon mari est, je vous dis,
Bon mire, je vous l'afi*;　　　　　　　　　*l'assure
Certes il sait plus de médecine
Et de vrais jugements d'urines
Que onques ne sut Ypocras*.　　　　　　　*Hippocrate

160 — Dame, dites le vous à gas*?　　　　　　*en plaisanterie
— De gaber*, dit-elle, n'ai cure,　　　　　　*de plaisanter
Mais il est de telle nature
Qu'il ne ferait pour nului* rien,　　　　　　*à personne
S'ainçois* ne le battait on bien. »　　　　　　*auparavant
Ceux-ci disent : « Il y parra*,　　　　　　　*paraîtra
Car pour battre on ne remaindra*;　　　　　*cessera
Dame, où le pourrons nous trouver?

— Aux champs le pourrez encontrer;
Quand vous istrez* de cette cour,　　　　　*sortirez
170 Tout ainsi que ce ruisseau court
Par dehors cette gaste rue*,　　　　　　　*route déserte
Toute la première charrue
Que vous trouverez, c'est la nôtre.
Allez, à* saint Pierre l'apôtre,　　　　　　*par
Fait la dame, je vous commant*. »　　　　　*recommande
Et ils s'en vont éperonnant,
Tant* qu'ils ont le vilain trouvé.　　　　　　*jusqu'à ce
De par le roi l'ont salué,
Puis lui disent sans demeurer* :　　　　　　*tarder
180 « Venez en tôt au roi parler.
— Pour quoi faire? dit le vilain.
— Pour le sens dont vous êtes plains*;　　　*plein

Il n'a tel mire en cette terre :
De loin vous sommes venus querre*. »   *chercher
Quand le vilain s'oit* clamer** mire,   *s'entend **procla-
Très tôt le sang lui prend à frire;   mer
Dit qu'il n'en sait ni tant ni quant.
« Et qu'allons-nous ore* attendant? »   *maintenant
Disent les autres. « Bien sais-tu
190 Qu'il veut avant être battu
Qu'il ne fasse nul bien ni die*? »   *dise
L'un le frappe delez l'ouie*   *à côté de l'oreille
Et l'autre par mi* le dos   *au milieu du
D'un bâton qu'il a grand et gros;
Ils lui ont fait honte à planté,*   *beaucoup
Et puis l'ont au roi mené.
Ils le montent à reculons
La tête devers* les talons.   *penchée vers
Le roi les avait encontrés;
200 Lors dit : « Avez rien trouvé?
— Sire, oui, disent-ils ensemble. »
Et le vilain de paor* tremble.   *peur
L'un d'eux dit au roi premerain*   *en premier
Les teches* qu'avait le vilain   *les défauts
Et comme est plein de félonie
Car de chose que l'on lui prie
Ne ferait il pour nului* rien,   *personne
S'aïnçois* ne le battait on bien.   *auparavant
Et dit le roi : « Mal mire a çi*,   *voici
210 Ainc mais d'itel parler n'ouïs[5],
— Bien soit battu, puisqu'ainsi est,
Dit un sergent, je suis tout prêt;
Si tôt je ne le commanderois
Que je ne lui paierai ses droits. »
Le roi le vilain appela
« Maître, fait il, entendez ça,
Je ferai ma fille venir,
Car grand métier* a de guerir. »   *besoin
Le vilain lui cria merci :
220 « Sire, pour Dieu qui ne mentit
Que m'ait* Dieu, je vous dis bien,   *Que Dieu m'aide
De physique* ne sais je rien :   *médecine
Jamais de physique ne soi*. »   *je ne sus
Et dit le roi : « Merveilles oi* :   *j'entends
Battez le moi. » Et ils saillirent*   *s'élancèrent
Qui assez volontiers le firent.
Quand le vilain sentit les coups,
Adonques* se tint il pour fou :   *alors
« Merci*, commença à crier,   *pitié

230 Je la garrai* sans delaier**. » *guérirai **sans tar-
der
La pucelle fut en la salle
Qui moult était et teinte* et pâle, *blême
Et le vilain se pourpensa* *réfléchit
En quel manière il la garra*; *guérira
Car il sait bien que à guerir
Lui convient il ou à mourir.
Lors se commence à pourpenser
Si guerir la veut et sauver,
Chose lui convient faire et dire

240 Par quoi la puisse faire rire
Tant que l'arête saille* hors, *s'élance
Car elle n'est pas dedans le corps.
Lors dit au roi : « Faites un feu
En cette chambre, en privé leu*; *lieu
Vous verrez bien que je ferai,
Et si Dieu plaît, je la garrai*. » *guérirai
Le roi a fait le feu plénier*; *grand
Valets saillent* et écuyers, *s'élancent
Ils ont le feu tôt allumé

250 Là où le roi l'a commandé.
Et la pucelle au feu s'assit
Sur un siège que l'on lui mit;
Et le vilain se dépouilla
Tout nu, et ses braies ôta
Et s'est travers le feu* couché, *près du feu
Et s'est gratté et étrillé,
Ongles a grands et le cuir dur,
Il n'a homme jusqu'à Saumur
Là où l'on ne loue gratteur point* *ne fait l'éloge

260 Que s'il n'est moult bien à point[6].
Et la pucelle qui ce* voit *cela
A tout le mal qu'elle sentoit
Veut rire, et s'en efforça
Que de la bouche lui vola
L'arête hors dans le brasier.
Et le vilain sans délaier* *sans tarder
Revêt ses draps et prend l'arête,
De la chambre ist*, faisant grand fête; *sort
Où voit le roi, en haut* lui crie : *à haute voix

270 « Sire, votre fille est guérie,
Voici l'arête, Dieu merci. »
Et le roi moult s'en rejouit,
Et dit le roi : « Or sachez bien
Que je vous aime sur toute rien*. *bien plus que tout
autre
Or aurez vous, robes et draps.
— Merci, sire, je n'en veux pas,

Ni ne veux o* vous demeurer :   *avec
A mon hôtel* me faut aller. »   *logis
Et dit le roi « Tu non feras*,   *Tu ne le feras pas
280 Mon maître et mon ami seras.

— Merci, sire, par saint Germain,
A mon hôtel n'a point de pain,
Quand je m'en partis hier matin,
L'on devait charger au moulin. »
Le roi deux garçons appela :
« Battez le moi, si demeurra. »
Et ils saillent sans delaier*   *s'élancent sans tarder
Et vont le vilain laidengier*.   *maltraiter
Quand le vilain sentit les cops*   *coups
290 Au bra, à la jambe et au dos,
Merci lors commence à crier :
« Je demeurerai, laissez moi ester*. »   *rester
    Le vilain est à cour remez*,   *resté
Et l'a-t-on tondu et rez*,   *rasé
Et il a robe d'écarlate;
Fors croya être de barate*   *hors d'affaire
Quand les malades du pays
Plus de quatre vingt, ce m'est vis*,   *c'est mon avis
Vinrent au roi à cette fête.
300 Chacun lui a conté son être*;   *son état
Le roi le vilain appela :
« Maître, dit il, entendez ça,
De cette gent prenez conroi*   *charge
Faites tôt, guerissez les moi.

— Merci, sire, le vilain dit,   *alors que Dieu m'aide
Trop y en a, si Dieu m'aït*,
Je n'en pourrai à chef* venir,   *venir à bout
Si ne les pourrai tous guerir. »
Le roi deux garçons en appelle
310 Et chacun a pris une estele*,   *attelle
Car chacun d'eux moult bien savait
Pour quoi le roi les appelait.
Quand le vilain les vit venir,
Le sang lui commence à frémir :
« Merci, lors commence à crier
Je les garrai* sans arrêter. »   *guérirai
Le vilain a demandé leigne*   *bois de chauffage
Assez en eût comment qu'il preigne* :   *pour qu'il prenne
En la salle fut fait le feu
320 Et lui même en fut keu*.   *chef cuisinier
Les malades y aüna*,   *rassembla
Et puis après au roi pria :
« Sire, vous en irez à val*   *descendrez

Et tous ceux qui n'ont nul mal. »
Le roi s'en part tout bonnement
De la salle sort, lui et sa gent.
Le vilain aux malades dit :
« Seigneurs, par ce Dieu qui me fit,
Moult a grand chose* à vous guerir, *Il y a beaucoup de
                                      choses
330 Je n'en pourrai à chef* venir :   *bout
Le plus malade en élirai,
Et en ce feu le metterai;
Si l'arderai* en icel** feu   *brûlerai **ce (feu)-là
Et tous les autres en auront preu*,   *profit
Car ceux qui la poudre* boiront   *cendre
Tout maintenant* guéris seront. »   *Très rapidement
Les uns aux autres regardés,
Ainz* ni eut bossu ni enflé   *désormais
Qui concédât pour Normandie
340 Qu'eût la plus grande maladie[7].
Le vilain a dit au premier :
« Je te vois moult afebloier*,   *affaibli
Tu es des autres le plus vain*.   *malade
— Merci, sire, je suis tout sain
Plus que je ne fus onques mais*,   *jamais davantage
Allégé suis de moult grief faix*   *lourd fardeau
Que j'ai eu moult longuement;
Sachez que de rien ne vous mens.
— Va donc à val*; qu'as tu ci quis**? » *sors donc **cherché
350 Et celui a l'huis maintenant pris*.   *Celui-ci a vivement
Le roi demande : « Es tu guéri?   pris la porte
— Oui, sire, la* Dieu merci,   *par
Je suis plus sain qu'une pomme :
Moult a eu maître bon prud'homme*. » *savant
Que vous irai-je plus contant?
Onques* n'y eut petit ni grand   *jamais
Qui pour tout le monde otriât*   *octroyât
Que l'on en ce feu le boutât*,   *jetât
Ainçois* s'en vont tout autressi**   *Ainsi **autres aussi
360 Comme s'ils fussent tout gueris.
Et quand le roi les a vus,
De joie fut tout éperdu,
Puis dit au vilain : « Biau maître,
Je me merveille que ce put être[8]
Que si tôt gueris les avez.
— Merci, sire, les ai charmés;
Je sais un charme qui mieux vaut
Que gingembre ni citovaut*. »   *cannelle
Et dit le roi : « Or en irez
370 A votre hôtel quand vous voudrez,

Et si aurez de mes deniers
Et palefrois et bon destriers ;
Et quand je vous remanderai*,   *demanderai de nou-
Vous ferez ce que je voudrai :   veau
Si serez mon bon ami cher
Et en serez tenu plus cher*   *estimé
De toute la gent du pays.
Or ne soyez plus ébahi
Ne ne vous faites plus lédir*,   *maltraiter
380 Car honte est de vous férir*.   *frapper
— Merci, sire, dit le vilain ;
Je suis votre homme soir et matin
Et serai tant que je vivrai
Ni ja* ne m'en repentirai. »   *jamais plus
Du roi se partit, congé prend,
A son hôtel* vient liement** ;   *logis **joyeusement
Riche manant ains* ne fut plus :   *désormais
A son hôtel en est venu,
Ni plus n'alla à la charrue,
390 Ni onques* plus ne fut battue   *jamais
Sa femme, ains* l'aima et chérit.   *désormais
Ainsi alla comme je vous dis :
Par sa femme et par sa voisdie*   *tromperie
Fut bon mire et sans clergie*.   *instruction

---

1. Qui volontiers l'eût épousée ; 2. Si elle osait (pouvait) faire autre chose ; 3. D'autant plus heureuse que je l'aurais courroucée le matin ; 4. Je ne sais plus que dire ; 5. Jamais je n'ai entendu parler de celui-ci (itel) ; 6. Où l'on ne fait l'éloge d'un gratteur s'il n'est très bien à point ; 7. Qui admit être atteint, même pour la Normandie (province alors très enviée ; voir l'expression *pour tout l'or du monde*), de la plus grande maladie ; 8. Je suis émerveillé, comment cela a-t-il pu être ?

1.2. BOILEAU ET LESAGE

◆ On appréciera l'originalité et la verve de Boileau dans les trois épigrammes suivantes. On les comparera à la quatrième, anonyme :

Paul, ce grand médecin, l'effroi de son quartier,
Qui causa plus de maux que la peste et la guerre,
Est curé maintenant, et met les gens en terre ;
    Il n'a point changé de métier.

    Ton oncle, dis-tu, l'assassin,
    M'a guéri d'une maladie ;
La preuve qu'il ne fut jamais mon médecin,
    C'est que je suis encore en vie.

Oui, j'ai dit dans mes vers qu'un célèbre assassin,
Laissant de Galien la science infertile,
D'ignorant médecin devint maçon habile;
Mais de parler de vous je n'eus jamais dessein,
    Lubin; ma muse est trop correcte,
Vous êtes, je l'avoue, ignorant médecin,
    Mais non pas habile architecte.

    Affecter un air pédantesque,
    Cracher du grec et du latin;
    Longue perruque, habit grotesque,
    De la fourrure et du satin;
    Tout cela réuni fait presque
    Ce qu'on appelle un médecin.

◆ Lesage place son héros picaresque Gil Blas chez un médecin appelé Sangrado et dont les principes peuvent paraître originaux. On étudiera dans ce texte les différents aspects de la médecine que l'auteur attaque; on cherchera ce qui fait l'intérêt d'un tel texte, son originalité relative, sa poésie.

Je résolus d'aller trouver le seigneur Arias de Londona[1] et de choisir dans son registre une nouvelle condition; mais, comme j'étais près d'entrer dans le cul-de-sac où il demeurait, je rencontrai le docteur Sangrado, que je n'avais point vu depuis le jour de la mort de mon maître, et je pris la liberté de le saluer. Il me remit dans le moment quoique j'eusse changé d'habit, et témoignant quelque joie de me voir : « Hé! te voilà, mon enfant, me dit-il, je pensais à toi tout à l'heure[2]. J'ai besoin d'un bon garçon pour me servir, et je songeais que tu serais bien mon fait, si tu savais lire et écrire. — Monsieur, lui répondis-je, sur ce pied-là je suis donc votre affaire, car je sais l'un et l'autre. — Cela étant, reprit-il, tu es l'homme qu'il me faut. Viens chez moi. Tu n'y auras que de l'agrément. Je te traiterai avec distinction. Je ne te donnerai point de gages, mais rien ne te manquera. J'aurai soin de t'entretenir proprement et je t'enseignerai le grand art de guérir toutes les maladies. En un mot, tu seras plutôt mon élève que mon valet. »
J'acceptai la proposition du docteur, dans l'espérance que je pourrais sous un si savant maître me rendre illustre dans la médecine. Il me mena chez lui sur-le-champ, pour m'installer dans l'emploi qu'il me destinait, et cet emploi consistait à écrire le nom et la demeure des malades qui l'envoyaient chercher pendant qu'il était en ville. Il y avait pour cet effet au logis un registre, dans lequel une vieille servante, qu'il avait pour tout domestique[3], marquait les adresses; mais, outre qu'elle ne savait point l'orthographe, elle écrivait si mal, qu'on ne pouvait le plus souvent déchiffrer son écriture. Il me chargea du

soin de tenir ce livre, qu'on pouvait justement appeler un registre mortuaire, puisque les gens dont je prenais les noms mouraient presque tous. J'inscrivis, pour ainsi parler, les personnes qui voulaient partir pour l'autre monde, comme un commis, dans un bureau de voiture publique, écrit le nom de ceux qui retiennent des places. J'avais souvent la plume à la main, parce qu'il n'y avait point, en ce temps-là, de médecin à Valladolid plus accrédité que le docteur Sangrado. Il s'était mis en réputation dans le public par un verbiage spécieux[4], soutenu d'un air imposant, et par quelques cures heureuses qui lui avaient fait plus d'honneur qu'il ne méritait.

Il ne manquait pas de pratique[5], ni par conséquent de bien. Il n'en faisait pas toutefois meilleure chère. On vivait chez lui très frugalement[6]. Nous ne mangions d'ordinaire que des pois, des fèves, des pommes cuites ou du fromage. Il disait que ces aliments étaient les plus convenables à l'estomac, comme étant les plus propres à la trituration, c'est-à-dire à être broyés plus aisément. Néanmoins, bien qu'il les crût de facile digestion, il ne voulait point qu'on s'en rassasiât. En quoi, certes, il se montrait fort raisonnable. Mais, s'il nous défendait, à la servante et à moi, de manger beaucoup, en récompense[7] il nous permettait de boire de l'eau à discrétion. Bien loin de nous prescrire des bornes là-dessus, il nous disait quelquefois : « Buvez, mes enfants. La santé consiste dans la souplesse et l'humectation des parties. Buvez de l'eau abondamment. C'est un dissolvant universel. L'eau fond tous les sels[8]. Le cours du sang est-il ralenti, elle le précipite. Est-il trop rapide, elle en arrête l'impétuosité. » Notre docteur était de si bonne foi sur cela, qu'il ne buvait jamais lui-même que de l'eau, bien qu'il fût dans un âge avancé. Il définissait la vieillesse une phtisie[9] naturelle qui nous dessèche et nous consume; et, sur cette définition, il déplorait l'ignorance de ceux qui nomment le vin, le lait des vieillards. Il soutenait que le vin les use et les détruit, et disait fort éloquemment que cette liqueur funeste est pour eux, comme pour tout le monde, un ami qui trahit et un plaisir qui trompe.

Malgré ces doctes raisonnements, après avoir été huit jours dans cette maison, il me prit un cours de ventre, et je commençai à sentir de grands maux d'estomac, que j'eus la témérité d'attribuer au dissolvant universel et à la mauvaise nourriture que je prenais. Je m'en plaignis à mon maître, dans la pensée qu'il pourrait se relâcher et me donner un peu de vin à mes repas; mais il était trop ennemi de cette liqueur pour me l'accorder. « Quand tu auras formé l'habitude de boire de l'eau, me dit-il, tu en connaîtras l'excellence. Au reste, poursuivit-il, si tu te sens quelque dégoût pour l'eau pure, il y a des secours innocents pour soutenir l'estomac contre la fadeur des boissons aqueuses. La sauge, par exemple, et la véronique leur donnent un goût délectable, et, si tu veux les rendre encore plus délicieuses, tu n'as qu'à y mêler de la fleur d'œillet, du romarin ou du coquelicot. »

Il avait beau vanter l'eau et m'enseigner le secret d'en composer des breuvages exquis, j'en buvais avec tant de modération, que, s'en étant aperçu, il me dit : « Hé! vraiment, Gil Blas, je ne m'étonne point si tu ne jouis pas d'une parfaite santé. Tu ne bois pas assez, mon ami. L'eau prise en petite quantité ne sert qu'à développer les parties de la bile et qu'à leur donner plus d'activité; au lieu qu'il les faut noyer dans un délayant copieux. Ne crains pas, mon cher enfant, que l'abondance de l'eau affaiblisse ou refroidisse ton estomac. Loin de toi cette terreur panique que tu te fais peut-être de la boisson fréquente! Je te garantis de l'événement[10]; et, si tu ne me trouves pas bon pour t'en répondre, Celse[11] même t'en sera garant. Cet oracle latin fait un éloge admirable de l'eau. Ensuite il dit en termes exprès que ceux qui, pour boire du vin, s'excusent sur la faiblesse de leur estomac, font une injustice manifeste à ce viscère, et cherchent à couvrir leur sensualité. »

Comme j'aurais eu mauvaise grâce de me montrer indocile en entrant dans la carrière de la médecine, je fis semblant d'être persuadé qu'il avait raison. J'avouerai même que je le crus effectivement. Je continuai donc à boire de l'eau sur la garantie de Celse, ou plutôt je commençai à noyer la bile en buvant copieusement de cette liqueur et, quoique de jour en jour je m'en sentisse plus incommodé, le préjugé l'emportait sur l'expérience. J'avais, comme on voit, une heureuse disposition à devenir médecin. Je ne pus pourtant résister toujours à la violence de mes maux, qui s'accrurent à un point que je pris enfin la résolution de sortir de chez le docteur Sangrado. Mais il me chargea d'un nouvel emploi qui me fit changer de sentiment.

« Écoute, me dit-il un jour, je ne suis point de ces maîtres durs et ingrats, qui laissent vieillir leurs domestiques dans la servitude, avant que de les récompenser. Je suis content de toi, je t'aime, et, sans attendre que tu m'aies servi plus longtemps, j'ai pris la résolution de faire ta fortune dès aujourd'hui. Je veux tout à l'heure te découvrir le fin[12] de l'art salutaire que je professe depuis tant d'années. Les autres médecins en font consister la connaissance dans mille sciences pénibles, et moi, je prétends t'abréger un chemin si long, et t'épargner la peine d'étudier la physique, la pharmacie, la botanique et l'anatomie. Sache, mon ami, qu'il ne faut que saigner et faire boire de l'eau chaude. Voilà le secret de guérir toutes les maladies du monde. Oui, ce simple secret que je te révèle, et que la nature, impénétrable à mes confrères, n'a pu dérober à mes observations, est renfermé dans ces deux points, dans la saignée et dans la boisson fréquente.

Je n'ai plus rien à t'apprendre, tu sais la médecine à fond, et, profitant du fruit de ma longue expérience, tu deviens tout d'un coup aussi habile que moi. Tu peux, continua-t-il, me soulager présentement. Tu tiendras le matin notre registre, et l'après-midi tu sortiras pour aller voir une partie de mes malades. Tandis que j'aurais soin de la noblesse et du clergé, tu iras pour moi dans les maisons du tiers état où l'on m'appellera, et, lorsque tu auras travaillé quelque temps, je te ferai agréger à notre corps. Tu es savant, Gil Blas, avant que d'être médecin; au lieu que les autres sont longtemps médecins, et la plupart toute leur vie, avant que d'être savants. »

Je remerciai le docteur de m'avoir si promptement rendu capable de lui servir de substitut[13]; et pour reconnaître les bontés qu'il avait pour moi, je l'assurai que je suivrais toute ma vie ses opinions, quand même elles seraient contraires à celles d'Hippocrate. Cette assurance pourtant n'était pas tout à fait sincère. Je désapprouvais son sentiment sur l'eau, et je me proposais de boire du vin tous les jours en allant voir mes malades. Je pendis au croc, une seconde fois, mon habit brodé pour en prendre un[14] de mon maître, et me donner l'air d'un médecin. Après quoi, je me disposai à exercer la médecine aux dépens de qui il appartiendrait[15]. Je débutai par un alguazil qui avait une pleurésie. J'ordonnai qu'on le saignât sans miséricorde, et qu'on ne lui plaignît[16] point l'eau. J'entrai ensuite chez un pâtissier à qui la goutte faisait pousser de grands cris. Je ne ménageai pas plus son sang que celui de l'alguazil, et j'ordonnai qu'on lui fît boire de l'eau de moment en moment. Je reçus douze réaux pour mes ordonnances : ce qui me fit prendre tant de goût à la profession, que je ne demandai plus que plaies et bosses. En sortant de la maison du pâtissier, je rencontrai Fabrice, que je n'avais point vu depuis la mort du licencié Sedillo. Il me regarda longtemps avec surprise; puis il se mit à rire de toute sa force, en se tenant les côtes. Ce n'était pas sans raison. J'avais un manteau qui traînait à terre, avec un pourpoint et un haut-de-chausses quatre fois plus longs et plus larges qu'il ne fallait. Je pouvais passer pour une figure originale et grotesque. Je le laissai s'épanouir la rate, non sans être tenté de suivre son exemple; mais je me contraignis, pour garder le *decorum*[17] dans la rue et mieux contrefaire le médecin, qui n'est pas un animal[18] risible. Si mon air ridicule avait excité les ris de Fabrice, mon sérieux les redoubla; et lorsqu'il s'en fut bien donné : « Vive Dieu! Gil Blas, me dit-il, te voilà plaisamment équipé. Qui diable t'a déguisé de la sorte? — Tout beau, mon ami, lui répondis-je tout beau; respecte un nouvel Hippocrate. Apprends que je suis le substitut du docteur Sangrado, qui est le plus fameux médecin de Valladolid. Je demeure chez lui depuis trois semaines. Il m'a montré la médecine à fond; et, comme il ne peut fournir à tous les malades qui le demandent, j'en vois une partie pour le soulager. Il va dans les grandes maisons, et moi dans les petites. — Fort bien, reprit Fabrice; c'est-à-dire qu'il t'abandonne le sang du peuple et se réserve celui des personnes de qualité. Je te félicite de ton partage. Il vaut mieux avoir affaire à la populace qu'au grand monde. Vive un médecin de faubourgs! Ses fautes sont moins en vue et ses assassinats ne font point de bruit. Oui, mon enfant, ajouta-t-il, ton sort me paraît digne d'envie, et, pour parler comme Alexandre, si je n'étais pas Fabrice, je voudrais être Gil Blas[19]. »

Pour faire voir au fils du barbier Nuñez qu'il n'avait pas tort de vanter le bonheur de ma condition présente, je lui montrai les réaux de l'alguazil et du pâtissier. Puis nous entrâmes dans un cabaret pour en boire une partie. On nous apporta d'assez bon vin, que l'envie d'en goûter me fit trouver encore meilleur qu'il n'était. J'en bus à longs traits, et, n'en déplaise à l'oracle latin[20], à mesure que j'en versais dans mon estomac, je sentais que ce viscère ne me savait pas mauvais gré des injustices que je lui faisais. Nous demeurâmes longtemps dans ce cabaret, Fabrice et moi; nous y rîmes bien aux dépens de nos maîtres, comme cela se pratique entre valets. Ensuite, voyant que la nuit approchait, nous nous séparâmes, après nous être mutuellement promis que le jour suivant, l'après-dînée, nous nous retrouverions au même lieu.

On pourra tenter de relever du *Vilain mire* au *Knock* de Jules Romains les différents textes faisant la satire de la médecine et des médecins; chercher à quels aspects chacun s'attache, ce qui en fait l'originalité, ce qui le date.

---

1. C'est le personnage qui tient une sorte de bureau de placement; 2. A l'instant même; 3. *Domestique*, employé ici collectivement pour désigner l'ensemble du personnel; 4. De belle apparence. Employé dans le sens latin, qui est le sens propre (*speciosus*, beau, de *species*, beauté); 5. *Pratique*, en ce sens, désigne l'exercice même de la profession. Par suite, clientèle; 6. *Vivre frugalement*, au sens propre : avec les produits de la terre (lat. *frugalis*, de *frux*, produits de la terre, blé, céréales, légumes); 7. En compensation; 8. *Sels* : terme de l'ancienne chimie : tout corps cristallin, soluble dans l'eau; 9. *Phtisie* : consomption lente (φθίσις, consomption, de φθίω, je détruis); 10. Du résultat; 11. *Celse* : médecin du siècle d'Auguste, auteur d'une *Encyclopédie*; 12. *Le fin* : ce qu'il y a de plus caché; 13. Celui qui exerce les fonctions d'un autre, en cas d'absence; 14. Les médecins portaient une robe et un bonnet d'une forme particulière; 15. *Aux dépens de qui il appartiendra*, terme de palais : à tous ceux que la chose intéresserait. Lesage a reproduit une phrase de Molière : « Je me suis résolu d'être médecin aux dépens de qui il appartiendra » (*le Médecin malgré lui*, III, 1); 16. *Plaindre* : donner avec parcimonie; 17. La bienséance; 18. *Animal* : tout être vivant; 19. *Alexandre le Grand*. A ses généraux qui s'étonnaient des égards qu'il témoignait à *Diogène le Cynique*, Alexandre répondit : « Si je n'étais Alexandre, je voudrais être Diogène »; 20. *Celse*, dont il vient d'être question.

2. LA MÉDECINE AU TEMPS DE MOLIÈRE

2.1. LES ÉTUDES ET LES DÉBUTS

A. LES APOTHICAIRES.

On se référera au *Malade imaginaire* et à la Documentation thématique du Nouveau Classique correspondant (texte de Gustave Michaut). Voici, d'autre part, le texte du serment que tout nouveau promu pharmacien devait prononcer à partir de 1669 :

Je jure,

de rapporter tout ce qui me sera possible pour la gloire, l'ornement et la majesté de la médecine;

de n'enseigner point aux idiots et ingrats les secrets et raretés d'icelle;

de ne donner aucun médicament purgatif aux malades affligés de quelque maladie aiguë, que premièrement je n'aie pris conseil de quelque docte médecin;

de ne toucher aux parties honteuses et défendues des femmes, que ce ne soit par grande nécessité, c'est-à-dire lorsqu'il sera question d'appliquer dessus quelque remède;

de ne donner jamais aucune sorte de poison à personne et ne conseiller jamais à aucun d'en donner, pas même à mes plus grands amis;

d'exécuter de point en point les ordonnances des médecins, n'y ajouter ni diminuer, en tant qu'elles seront faites selon l'art;

de découvrir et fuir comme la peste la façon scandaleuse et totalement pernicieuse des charlatans, empiriques et souffleurs d'alchimie à la grande honte des magistrats qui les tolèrent;

finalement de ne tenir aucune mauvaise drogue dans ma boutique.

B. LES ÉTUDES.

On analysera le texte suivant : les éléments comiques, ceux qui peuvent s'y prêter (par quels biais?); ce qui est valable. On confrontera avec le texte de Locke (p. 109).

◆ ART. L. — Celui qui aura présidé aux Vespéries du licencié sera aussi celui qui donnera au même le laurier doctoral et, dans les Vespéries, il proposera au candidat une question de médecine à discuter; un autre docteur, cependant, désigné selon la coutume de l'École, et dont la chaire sera placée plus bas, posera à celui qui doit être vespérisé une question analogue à celle-là [...]. Dans l'acte de maîtrise le président mettra sur la tête de ce licencié le bonnet, insigne du doctorat, et, avec un grand soin, l'avertira du devoir à remplir dans l'exercice de la médecine; puis le nouveau docteur posera une question médicale à un autre docteur placé dans une plus petite chaire. Quand il aura été satisfait à cette question, le Président donnera à discuter une question du même genre au second docteur, assistant du premier. Qu'alors le nouveau docteur, dans un élégant discours, rende des actions de grâces à Dieu très grand et très bon, au collège des médecins, aux parents des amis présents. [...]

◆ Entendu à l'École de médecine [de Montpellier] un jeune docteur soutenant sa thèse. Six professeurs lui opposant leurs arguments, un professeur modérateur et arbitre; violence étonnante des phrases latines; gestes de grimaces, de rhétorique et de non-sens. [...]

Recette pour faire un docteur en médecine. Grande procession de docteurs habillés de rouge, avec des toques noires; dix violons jouant des airs de Lully. Le professeur s'assied, fait signe aux violons qu'il veut parler, et qu'ils aient à se taire, se lève, commence son discours par l'éloge de ses confrères, et le termine par une diatribe contre les innovations et la circulation du sang. Il se rassied. Les violons recommencent. Le récipiendaire prend la parole, complimente le chancelier, complimente l'Académie. Encore des violons. Le président saisit un bonnet, qu'un huissier porte au bout d'un bâton, et qui a suivi processionnellement la cérémonie, coiffe le nouveau docteur, lui met au doigt un anneau, lui serre les reins d'une chaîne d'or, et le prie poliment de s'asseoir. Tout cela m'a fort peu édifié.   18 mars 1676.

C. LE SERMENT DU BACHELIER.

Dès qu'il est bachelier, le futur médecin prononce le serment suivant :

[Je jure] d'observer fidèlement les secrets d'honneur, les pratiques, les coutumes et les statuts de la Faculté, de tout votre pouvoir, et quoi qu'il arrive, de n'y contrevenir jamais.

De rendre hommage et respect au doyen et à tous les maîtres de la Faculté.

D'aider la Faculté contre quiconque entreprendrait quelque chose contre ses statuts ou contre son honneur, et surtout contre ceux qui pratiquent illicitement.

D'assister en robe à toutes les séances ordonnées par la Faculté, sous peine d'un écu d'or d'amende.

D'assister aux examens de l'Académie et aux argumentations de l'École pendant deux ans, et d'observer toujours la paix et le bon ordre, ainsi qu'un mode décent d'argumentation dans les discussions scientifiques prescrites par la Faculté.

2.2. LE DIAGNOSTIC ET LA CURE

A. LE DIAGNOSTIC.

Tout d'abord, qu'est-ce que la santé? la maladie? On rapprochera de *Knock* ce texte d'Hippocrate :

Le corps de l'homme a en lui sang, pituite, bile jaune et bile noire (ou atrabile), c'est là ce qui en constitue la nature et ce qui crée la maladie et la santé. Il y a essentiellement santé quand ces principes sont dans un juste rapport de crase, de force et de quantité, et que le mélange est parfait; il y a maladie quand un de ces principes est soit en défaut, soit en excès, ou s'isolant dans le corps n'est pas combiné avec tout le reste.

Concernant le diagnostic, nous renverrons à *Monsieur de Pourceaugnac*, I, VIII (consultation de deux médecins sur la mélancolie de Pourceaugnac). Voici, d'autre part, quelques définitions issues d'ouvrages sérieux du temps ou de la pratique courante de l'époque; on analysera le jeu sur les mots dans ces textes.

— L'estomac digère parce qu'il est doué de la faculté concoctrice, et le séné purge parce qu'il a la vertu cholagogue.

— Claude Pellé, *Anatomie française* (1630) : Le pouls vient de la faculté pulsifique, la pulsifique de la faculté vitale, et la faculté vitale de la puissance de l'âme.

Quels liens y a-t-il là avec la philosophie scolastique du temps? Langage et connaissance scientifique. On recherchera dans un ouvrage d'histoire de la science l'autre côté de la médecine au XVIIe siècle : la recherche scientifique et technique, et l'on tentera un bilan contrasté de la recherche et de la pratique quotidienne.

B. LES CURES.

On se reportera, pour les différents remèdes existants à l'époque et les polémiques qui les ont accueillis, à la Documentation thématique accompagnant le *Dom Juan* dans les Nouveaux Classiques Larousse. Par ailleurs, nous donnons quelques extraits de *Lettres* dans lesquelles Mme de Sévigné décrit sa cure à Vichy et les impressions qu'elle en retire.

◆ J'ai donc pris des eaux ce matin, ma très-chère; ah, qu'elles sont méchantes! J'ai été prendre *le chanoine*, qui ne loge point avec Mme de Brissac. On va à six heures à la fontaine : tout le monde s'y trouve, on boit, et l'on fait une fort vilaine mine; car imaginez-vous qu'elles sont bouillantes, et d'un goût de salpêtre fort désagréable. On tourne, on va, on vient, on se promène, on entend la messe, on rend les eaux, on parle confidemment de la manière qu'on les rend : il n'est question que de cela jusqu'à midi. Enfin, on dîne; après dîner, on va chez quelqu'un : c'était aujourd'hui chez moi. Mme de Brissac a joué à l'hombre avec Saint-Hérem et Plancy; *le chanoine* et moi nous lisons l'Arioste; elle a l'italien dans la tête, elle me trouve bonne. Il est venu des demoiselles du pays avec une flûte, qui ont dansé la bourrée dans la perfection. C'est ici où les bohémiennes poussent leurs agréments; elles font des *dégognades*, où les curés trouvent un peu à redire; mais enfin, à cinq heures, on se va promener dans des pays délicieux; à sept heures, on soupe légèrement, on se couche à dix. Vous en savez présentement autant que moi. Je me suis assez bien trouvée de mes eaux; j'en ai bu douze verres : elles m'ont un peu purgée, c'est tout ce qu'on désire. Je prendrai la douche dans quelques jours. Je vous écrirai tous les soirs; ce m'est une consolation, et ma lettre partira quand il plaira à un petit messager qui apporte les lettres, et qui veut partir un quart d'heure après : la mienne sera toujours prête. L'abbé Bayard vient d'arriver de sa jolie maison, pour me voir : c'est le druide Adamas de cette contrée.

◆ Je vous promets seulement une chose, c'est que si je tombais malade ici, ce que je ne crois point du tout assurément, je vous prierais d'y venir en diligence; mais, ma chère, je me porte fort bien; je bois tous les matins; je suis un peu comme Nouveau, qui demandait : « Ai-je bien du plaisir? » Je demande aussi : « Rends-je bien mes eaux? la qualité, la quantité, tout va-t-il bien? » On m'assure que ce sont des merveilles, et je le crois, et même je le sens; car, à la réserve de mes mains et de mes genoux, qui ne sont point guéris, parce que je n'ai pas encore pris ni le bain ni la douche, je me porte tout aussi bien que j'ai jamais fait.

◆ J'ai commencé aujourd'hui la douche : c'est une assez bonne répétition du purgatoire. On est toute nue dans un petit lieu sous terre, où l'on trouve un tuyau de cette eau chaude, qu'une femme vous fait aller où vous voulez. Cet état où l'on conserve à peine une feuille de figuier pour tout habillement, est une chose assez humiliante. J'avais voulu mes deux femmes de chambre, pour voir encore quelqu'un de connaissance. Derrière le rideau se met quelqu'un qui vous soutient le courage pendant une demi-heure; c'était pour moi un médecin de Ganat, que Mme de Noailles a mené à toutes ses eaux, qu'elle aime fort, qui est un fort honnête garçon, point charlatan ni préoccupé de rien, qu'elle m'a envoyé par pure et bonne amitié. Je le retiens, m'en dût-il coûter mon bonnet; car ceux d'ici me sont insupportables : cet homme m'amuse. Il ne ressemble point à un vilain médecin, il ne ressemble point aussi à celui de Chelles; il a de l'esprit, de l'honnêteté; il connaît le monde; enfin j'en suis contente. Il me parlait donc pendant que j'étais au supplice. Représentez-vous un jet d'eau contre quelqu'une de vos pauvres parties, toute la plus bouillante que vous puissiez vous imaginer. On met d'abord l'alarme partout, pour mettre en mouvement tous les esprits; et puis on s'attache aux jointures qui ont été affligées; mais quand on vient à la nuque du cou, c'est une sorte de feu et de surprise qui ne se peut comprendre; cependant c'est là le nœud de l'affaire. Il faut tout souffrir, et l'on souffre tout, et l'on n'est point brûlée, et on se met ensuite dans un lit chaud, où l'on sue abondamment, et voilà (ce) qui guérit. Voici encore où mon médecin est bon; car au lieu de m'abandonner à deux heures d'un ennui qui ne se peut séparer de la sueur, je le fais lire, et cela me divertit. Enfin je ferai cette vie pendant sept ou huit jours, pendant lesquels je croyais boire, mais on ne veut pas, ce serait trop de choses; de sorte que c'est une petite allonge à mon voyage.

◆ Mais parlons de la charmante douche; je vous en ai fait la description; j'en suis à la quatrième; j'irai jusqu'à huit, (et) mes sueurs sont si extrêmes, que je perce jusqu'à mes matelas; je pense que c'est toute l'eau que j'ai bue depuis que je suis au monde. Quand on entre dans (le) lit, il est vrai qu'on n'en peut plus : la tête et tout le corps sont en mouvement, tous les esprits en campagne, des battements partout. Je suis une heure sans ouvrir la bouche, pendant laquelle la sueur commence, et continue pendant deux heures; et de peur de m'impatienter, je fais lire mon médecin, qui me plaît; il vous plairait aussi. Je lui mets dans la tête d'apprendre la philosophie de votre père Descartes; je ramasse des mots que je vous ai ouï dire. Il sait vivre; il n'est point charlatan; il traite la médecine en galant homme; enfin il m'amuse.

◆ (Enfin, ma bonne), j'ai achevé aujourd'hui ma douche et ma *suerie;* je crois qu'en huit jours il est sorti de mon (pauvre) corps plus de vingt pintes d'eau. Je suis persuadée que rien ne me peut faire plus de bien; je me crois à couvert des rhumatismes pour le reste de ma vie. La douche et la sueur sont assurément des états pénibles; mais il y a une certaine (demie) heure où l'on se trouve à sec et fraîchement, et où l'on boit de l'eau de poulet fraîche; je ne mets point ce temps au rang des plaisirs médiocres : c'est un endroit délicieux. Mon médecin m'empêchait de mourir d'ennui : il me divertissait à (lui) parler de vous, il en est digne. Il s'en est allé aujourd'hui; il reviendra, car il aime la bonne compagnie; et depuis Mme de Noailles, il ne s'était pas trouvé à telle fête. Je m'en vais prendre demain une légère médecine, et puis boire huit jours, et puis c'est fait. Mes genoux sont comme guéris; mes mains ne veulent pas encore se fermer; mais pour cette lessive que l'on voulait faire de moi une bonne fois, elle sera dans la perfection.

Avant d'opérer Louis XIV de sa fistule (voir plus loin, C) on tente d'autres solutions. Dionis, qui deviendra professeur d'anatomie au Jardin des Plantes, relate ainsi ces tentatives.

On dit à Sa Majesté que les eaux de Barèges étaient excellentes pour ces maladies, le bruit même courut qu'elle irait à ces eaux; mais avant que de faire ce voyage, on trouva à propos de les éprouver sur divers sujets. On chercha quatre personnes qui avaient le même mal, et on les envoya à Barèges aux dépens du roi, sous la conduite de M. Gervais, chirurgien ordinaire de Sa Majesté. Il fit des injections de ces eaux dans leurs fistules pendant un temps considérable; il les traita de la manière qu'il crut convenable pour leur rendre la santé et il les ramena tout aussi avancés dans leur guérison que quand ils étaient partis pour y aller... Une femme vint dire à la cour qu'étant allée aux eaux de Bourbon pour une maladie particulière, elle s'était trouvée guérie par leur usage d'une fistule qu'elle avait avant que d'y aller. On envoya à Bourbon l'un des chirurgiens du roi avec quatre autres malades qui revinrent dans le même état qu'ils avaient quand ils partirent. Un jacobin s'adressa à M. de Louvois, et lui dit qu'il avait une eau avec laquelle il guérissait toutes sortes de fistules. Un autre se vantait d'avoir un onguent qui n'en manquait aucune. Il y en eut d'autres qui proposèrent des remèdes différents, et qui citaient même des cures qu'ils prétendaient avoir faites. Ce ministre, qui ne voulait rien ména-ger pour une santé aussi précieuse que celle du roi, fit meubler plusieurs chambres à la surintendance, où on mit des malades qui avaient des fistules, et on les fit traiter en présence de M. Félix par ceux qui se vantaient de les pouvoir guérir. Une année s'écoula pendant toutes ces différentes épreuves sans qu'il y en eût un seul de guéri... M. Bessières, qui avait examiné le mal, étant interrogé par Sa Majesté sur ce qu'il en pensait, répondit librement au roi que tous les remèdes du monde ne feraient rien sans l'opération.

C. DEUX BONS PRATICIENS.

◆ Charles-François Félix fut le chirurgien de Louis XIV et, à ce titre, il eut à pratiquer l'opération de la fistule anale qui affec-tait le roi, alors âgé de quarante-huit ans (le 18 novembre 1686). L'abbé de Choisy, dans ses *Mémoires*, raconte cette opération et ses suites. On étudiera dans ce texte l'état de la chirurgie en ce temps (conscience professionnelle du chirurgien, état des connaissances et des techniques); on se renseignera sur la situa-tion sociale inférieure à celle des médecins qu'avaient alors les chirurgiens. On cherchera à juger si cette distinction était justifiée.

On ne peut exprimer l'effet que produisit dans l'esprit des Parisiens une nouvelle si surprenante; chacun sentit dans ce moment combien la vie d'un bon roi est précieuse; chacun crut être dans le même danger où il était; la crainte, l'horreur, la pitié étaient peintes sur tous les visages... J'ai ouï de mes oreilles un porteur de chaise dire en pleurant : « On lui a donné vingt coups de bistouri, et ce pauvre homme n'a pas sonné mot. — Qu'on lui a fait de mal! » disait un autre. On ne parlait d'autres choses dans toutes les rues, et tout Paris le sut dans un quart d'heure. Les églises se remplirent dans un moment, sans qu'il fût besoin que les curés s'en mêlassent...

On ne pouvait se lasser de donner des louanges à Félix[1], qui, depuis deux mois, s'était exercé à ces sortes d'opérations et l'avait faite plusieurs fois dans les hôpitaux de Paris. Son exemple, si peu ordinaire aux gens qui sont en place, avait produit un effet admirable; les jeunes gens chirurgiens avaient redoublé leurs applications en voyant leur chef travailler de la main comme un autre, et ne pas dédaigner la guérison des pauvres, aussi bien que celle des plus grands seigneurs. Il donna deux coups de bistouri et huit coups de ciseaux : il avait fait faire un instrument d'une manière nouvelle qu'il avait essayé sur des corps morts, et il prétend que cela épargna quelques coups de ciseaux. Le Roi ne souffla pas pendant l'opération.

Après qu'elle fut faite, Félix recommanda surtout au Roi de demeurer en paix, au moins jusqu'à la suppuration; mais il n'en fit rien, les devoirs de la royauté le pressaient. Il fit appeler ses ministres et voulut tenir le conseil; il ne le fit pourtant pas le matin, il souffrait trop; il fallut au moins donner quelques heures à la nature. Les ministres s'en allèrent; mais ils revinrent l'après-dîner, et les conseils allèrent depuis leur train ordinaire. Il donna le lendemain audience aux ambassadeurs et parla aux ministres des princes étrangers, et leur parla avec une présence d'esprit et une gaieté qui les força d'écrire à leur maître ce qu'ils venaient de voir et d'admirer. On voyait pourtant la douleur peinte sur son visage; son front était presque toujours en sueur de pure faiblesse et cependant il donnait ses ordres et se faisait rendre compte de tout.

Il mangeait en public dans son lit et se laissait voir deux fois par jour aux moindres de ses courtisans; il ne témoigna aucune impatience à tous les coups de ciseaux qu'on lui donna. Il disait seulement, quand on le pansait : « Est-ce fait, Messieurs? Achevez, et ne me traitez pas en Roi. Je veux guérir comme si j'étais un paysan. » Une si grande fermeté contribua beaucoup à la guérison; la tranquillité de l'esprit apaisa le bouillonnement du sang; la fièvre, qui accompagne la suppuration, ne l'échauffa pas et les médecins le croyaient hors d'affaire au bout de quinze jours, lorsqu'il parut un sac, et il fallut faire une nouvelle opération. Elle ne fut pas si longue que la première, mais elle fut plus douloureuse, parce qu'on ne voulait plus y revenir; on alla bien avant dans la chair vive et le héros se comporta à son ordinaire.

---

1. *Félix* : Félix de Tassy, né à Paris, premier chirurgien de Louis XIV; il mourut en 1703.

◆ Fagon, le dernier en date des premiers médecins de Louis XIV, fut sans doute le meilleur d'entre eux. Sur le personnage, on se reportera à la Documentation thématique du Nouveau Classique Larousse associée au *Malade imaginaire*. Voici deux extraits de l'éloge que Fontenelle fit de lui à l'Académie des sciences. Ce texte complémentaire permettra de juger le personnage aux points de vue scientifique et moral.

Dès qu'il fut premier médecin, il donna à la Cour un spectacle rare et singulier, un exemple qui non seulement n'y a pas été suivi, mais peut-être y a été blâmé. Il diminua beaucoup les revenus de sa charge; il se retrancha ce que les autres médecins de la Cour, ses subalternes, payaient pour leurs serments; il abolit des tributs qu'il trouvait établis sur les nominations aux chaires royales de professeur de médecine dans les différentes universités, et sur les intendances des eaux minérales du royaume. Il se frustra lui-même de tout ce que lui avait préparé, avant qu'il fût en place, une avarice ingénieuse et inventive, dont il pouvait assez innocemment recueillir le fruit, et il ne voulut point que ce qui appartenait au mérite lui pût être disputé par l'argent, rival trop dangereux et trop accoutumé à vaincre. Le roi, en faisant la maison de feu Monseigneur le duc de Berry, donna à Fagon la charge de premier médecin de ce prince pour la vendre à qui il voudrait. Ce n'était pas une somme à mépriser; mais Fagon ne se démentit point; il représenta qu'une place aussi importante ne devait pas être vénale, et la fit tomber à feu de la Carlière, qu'il en jugea le plus digne.

Ces sortes de médecins, d'autant plus accrédités qu'ils sont moins médecins, et qui ordinairement se font un titre ou d'un savoir incompréhensible et visionnaire, ou même de leur ignorance, ont trop souvent puni la crédulité de leurs malades; et malgré l'amour des hommes pour l'extraordinaire, malgré quelques succès de cet extraordinaire, un sage préjugé est toujours pour la règle.

Ce n'est pas que Fagon rejetât tout ce qui s'appelle secret; au contraire, il en a fait acheter plusieurs au roi; mais il voulait qu'ils fussent véritablement secrets, c'est-à-dire inconnus jusque-là, et d'une utilité constante. Souvent il a fait voir à des gens qui croyaient posséder un trésor, que leur trésor était déjà public; il leur montrait le livre où il était renfermé car il avait une vaste lecture, et une mémoire qui la mettait tout entière à profit.

3. LES CHARLATANS

Ils étaient nombreux; peut-on dire que l'espèce en soit disparue? On pourra sur ce point se livrer à une enquête, avec la prudence

> d'usage en la matière. On se reportera ensuite aux textes faisant
> la satire des médecins, à Molière en particulier, pour chercher
> si les traits de critique ne visent pas surtout le charlatanisme.
> On se reportera aussi au troisième placet de Molière à propos
> du *Tartuffe* (1669), dans lequel il demande très sérieusement
> une faveur pour son médecin.

Dès le XVIᵉ siècle, ils apparaissent dans tous les endroits où il y a
foule — marchés, foires, pèlerinages :

> Ils ont coutume, dit Sonnet, d'aller en house par les rues des
> villes, vêtus de superbes et magnifiques vêtements, portant au
> col des chaînes d'or qu'ils auront peut-être louées de quelque
> orfèvre, et montés à l'avantage sur des genêts d'Espagne, cour-
> siers de Naples, ou courtauds d'Allemagne, accompagnés d'une
> grande suite et caravane d'écornifleurs, batteurs de pavé, batel-
> leurs, comédiens, farceurs et arlequins, recherchent en ce superbe
> équipage les carrefours et places publiques des villes et bourgades
> où ils font ériger des échafauds et théâtres, sur lesquels leurs
> bouffons et maîtres gonins amusent le peuple [...] pendant qu'ils
> étalent et débitent leur marchandise ou plutôt charlatanerie
> au peuple.
>
> Coureurs de places publiques, nous les peint Antoine Leroy,
> ils s'ornent de colliers et de casques à panaches, ont de nombreux
> anneaux aux doigts; ils se donnent le titre de médecin et prennent
> l'habit d'honnêtes gens. Ils arrivent triomphalement montés sur
> leur mule et croient de leur dignité de s'arrêter à chaque pas.
> Dans cet appareil, ils promettent à tous, mais non sans la faire
> payer d'avance, la bonne santé, comme s'ils mettaient la santé
> à l'encan.

La *Satyre Ménippée* nous décrit ainsi l'un d'eux :

> L'Espagnol était fort plaisant et monté sur un petit échafaud,
> jouant des régales et tenant banque, comme on voit à Venise en
> la place Saint-Marc. A l'échafaud était attachée une grande peau
> de parchemin écrite en plusieurs langues, scellée de 5 ou 6 sceaux
> d'or, de plomb et de cire, titrée en lettres d'or en ces mots :
> Lettre du pouvoir d'un Espagnol et des effets miraculeux de
> sa drogue appelée Higuiero de l'Inferno, ou autrement Catho-
> licon composé.

Voici pour terminer le boniment du fameux opérateur Barry, cité
par Dancourt dans sa comédie qui porte le nom de ce personnage.

> Il y a quatre-vingt-treize ans que je faisais un bruit du diable
> à Paris. N'y a-t-il personne ici qui se souvienne de m'y avoir
> déjà vu? En quel lieu de l'univers n'ai-je point été depuis?
> Quelles cures n'ai-je point faites? Informez-vous de moi à Siam,
> on vous dira que j'ai guéri l'éléphant blanc d'une colique néphré-
> tique. Que l'on écrive en Italie, on saura que j'ai délivré la

république de Raguse d'un cancer qu'elle avait à la mamelle gauche. Que l'on demande au Grand Mogol qui l'a sauvé de sa dernière petite vérole? C'est Barry! Qui est-ce qui a arraché onze dents mâchelières et quinze cors aux pieds à l'Infante Atabalippa? Quel autre pourrait-ce être que le fameux Barry? Je porte avec moi un baume du Japon qui noircit le cheveu gris et dément les extraits baptistaires; une pommade du Pérou qui rend le teint uni comme un miroir et rétrécit les trous de la petite vérole; une quintessence de la Chine qui agrandit les yeux et rapproche les coins de la bouche, fait sortir le nez à celles qui n'en ont guère, et le fait rentrer à celles qui en ont trop; enfin un élixir spécifique que je puisse appeler le suppléant de la beauté, le réparateur de visages et l'abrégé universel de tous les charmes qui ont été refusés par la nature!

JUGEMENTS SUR « LE MÉDECIN MALGRÉ LUI »

XVIIᵉ SIÈCLE

La gazette de Robinet, sans doute inspirée par Molière, ne cherche qu'à informer le public du succès de la pièce.

> [...] dans cette cité
> Un médecin vient de paraître
> Qui d'Hippocrate est le grand maître.
> On peut guérir en le voyant,
> En l'écoutant, bref, en riant.
> Il n'est nuls maux en la nature
> Dont il ne fasse ainsi la cure.
> Je vous cautionne du moins
> (Et j'en produirais des témoins,
> Je le proteste, infini nombre)
> Que le chagrin tout le plus sombre
> Et dans le cœur plus retranché
> En est à l'instant déniché.
> Il avait guéri ma migraine,
> Et la traîtresse, l'inhumaine
> Par stratagème m'a repris ;
> Mais en reprenant de son ris
> Encore une petite dose,
> Je ne crois vraiment pas qu'elle ose
> Se reposter dans mon cerveau.
> Or ce *medicus* tout nouveau
> Et de vertu si singulière
> Est le propre *Monsieur Molière*,
> Qui fait, sans aucun contredit,
> Tout ce que ci-dessus j'ai dit,
> Dans son *Médecin fait par force*,
> Qui pour rire chacun amorce ;
> Et tels médecins valent bien,
> Sur ma foi ceux... Je ne dis rien...

Robinet,
Lettre... à Madame (15 août 1666).

Sous la plume de Subligny, l'éloge est plus complet puisque de simple bagatelle, au dire de Molière, la pièce mérite l'estime du public.

> Dites-moi, s'il vous plaît,
> Si le temps vous permet de voir la comédie.
> Le *Médecin par force* étant beau comme il est,

Il faut qu'il vous en prenne envie.
Rien au monde n'est si plaisant,
Ni si propre à vous faire rire;
Et je vous jure qu'à présent
Que je songe à vous en écrire,
Le souvenir fait, sans le voir,
Que j'en ris de tout mon pouvoir.
Molière, dit-on, ne l'appelle
Qu'une petite bagatelle;
Mais cette bagatelle est d'un esprit si fin
Que, s'il faut que je vous le die,
L'estime qu'on en fait est une maladie
Qui fait que dans Paris tout court au *Médecin*.

Subligny,
la Muse dauphine (26 août 1666).

*Charles Perrault, le biographe et apologiste de Molière, joint son
éloge à ceux de ses contemporains.*

Il attaqua encore les mauvais médecins par deux pièces fort
comiques, dont l'une est *le Médecin malgré lui* et l'autre *le Malade
imaginaire*. On peut dire qu'il se méprit un peu dans cette dernière
pièce et qu'il ne se contint pas dans les bornes du pouvoir de la
comédie [...] Quoi qu'il en soit, depuis les anciens poètes grecs et
latins, qu'il a égalés et peut-être surpassés dans le comique, aucun
autre n'a eu tant de talent ni de réputation.

Charles Perrault (1696).

*Mais c'est de Boileau, ami fidèle mais sans indulgence, que vient le
jugement fameux qui, repris par Fénelon, inspire très longtemps toute
la critique au sujet de la farce moliéresque.*

Etudiez la Cour et connaissez la ville :
L'une et l'autre est toujours en modèles fertile.
C'est par là que Molière, illustrant ses écrits,
Peut-être de son art eût remporté le prix,
Si moins ami du peuple, en ses doctes peintures
Il n'eût point fait souvent grimacer ses figures,
Quitté, pour le bouffon, l'agréable et le fin,
Et sans honte à Térence allié Tabarin.
Dans ce sac ridicule où Scapin s'enveloppe,
Je ne reconnais plus l'auteur du *Misanthrope*.

Boileau, *Art poétique*,
chant III, vers 391 à 400.

[...] Je ne puis m'empêcher de croire, avec M. Despréaux (Boileau), que Molière, qui peint avec tant de force et de beauté les mœurs de son pays, tombe trop bas quand il imite le badinage de la comédie italienne :

> « Dans ce sac ridicule où Scapin s'enveloppe
> Je ne reconnais plus l'auteur du *Misanthrope*. »

Fénelon,
Lettre à l'Académie, chapitre VII (1714).

XVIIIᵉ SIÈCLE

D'avis assez opposés en général sur Molière, Voltaire et Rousseau se retrouvent pour condamner ses farces : l'un au nom du goût, l'autre au nom de la morale.

Molière ayant suspendu son chef-d'œuvre du *Misanthrope*, le rendit quelque temps après au public, accompagné du *Médecin malgré lui*, farce très gaie et très bouffonne, et dont le peuple grossier avait besoin [...].
Le Médecin malgré lui soutint le *Misanthrope* : c'est peut-être à la honte de la nature humaine, mais c'est ainsi qu'elle est faite : on va plus à la comédie pour rire que pour être instruit. *Le Misanthrope* était l'ouvrage d'un sage qui écrivait pour les hommes éclairés; et il fallut que le sage se déguisât en farceur pour plaire à la multitude.

Voltaire,
Sommaire du Médecin malgré lui (1739).

Examinez le comique de cet auteur : partout vous trouverez que les vices de caractère en sont l'instrument, et les défauts naturels le sujet; que la malice de l'un punit la simplicité de l'autre, et que les sots sont les victimes des méchants : ce qui, pour n'être que trop vrai dans le monde, n'en vaut pas mieux à mettre au théâtre avec un air d'approbation, comme pour exciter les âmes perfides à punir, sous le nom de sottise, la candeur des honnêtes gens.

J.-J. Rousseau,
Lettre à d'Alembert sur les spectacles (1758).

XIXᵉ SIÈCLE

L'analyse de Sganarelle par Sainte-Beuve, admirateur fervent de Molière, est une des belles pages de l'auteur de « Volupté ».

Mascarille était encore assez jeune et garçon, Sganarelle est essentiellement marié. Né probablement du théâtre italien, employé de bonne heure par Molière dans la farce du *Médecin volant*, introduit sur le théâtre régulier en un rôle qui sent un peu son Scarron, il se naturalise comme a fait Mascarille. Le Sganarelle de Molière, dans toutes ses variétés de valet, de mari, de père de Lucinde, de frère d'Ariste, de tuteur, de fagotier, de médecin, est un personnage qui appartient en propre au poète, comme Panurge à Rabelais, Falstaff à Shakespeare, Sancho à Cervantes; c'est le côté du laid humain personnifié, le côté vieux, rechigné, morose, intéressé, bas, peureux, tour à tour piètre ou charlatan, bourru et saugrenu, le vilain côté, et qui fait rire.

A certains moments joyeux, comme quand Sganarelle touche le sein de la nourrice, il se rapproche du rond Gorgibus, lequel ramène au bonhomme Chrysale, cet autre comique cordial et à plein ventre. Sganarelle, chétif comme son grand-père Panurge, a pourtant laissé quelque postérité digne de tous deux, dans laquelle il convient de rappeler Pangloss et de ne pas oublier Gringoire.

Sainte-Beuve,
Portraits littéraires (1844).

Paul Albert exprime à son tour son admiration pour la diversité du talent de Molière et son égale réussite dans les divers genres qu'il aborde.

Ni Boileau, ni La Bruyère, ni Fénelon ne pardonnent à Molière des chefs-d'œuvre comme les *Fourberies de Scapin, Monsieur de Pour-ceaugnac, le Médecin malgré lui*. Remercions le grand poète d'avoir eu le courage d'être complet. On lui jetait à la tête Ménandre, Térence; s'il lui eût plu de répondre, il eût riposté par Aristophane, Plaute, nos auteurs de farces du Moyen Age, Rabelais, les Italiens, et pourquoi pas Tabarin? La farce est une forme de l'art, et une forme essentiellement française. Les délicats commençaient à ne plus vouloir entendre parler de Scarron et de son école; tout tendait à la noblesse, à la gravité, ces premières étapes de l'hypocrisie finale. Il maintint dans ses droits la vieille gaîté nationale. Ce fut un lien de plus entre lui et ce peuple de Paris qui le protégea contre le goût exclusif de la Cour, le retrempa sans cesse.

Paul Albert,
*la Littérature française au XVII*e *siècle* (1882).

Quant à Brunetière, c'est surtout en moraliste et en philosophe qu'il apprécie le Médecin malgré lui.

Et en effet, il n'y a presque point une plaisanterie de Molière, du moins dans ses grandes pièces, qui n'insinue toute sa philosophie. Nous la retrouvons jusque dans ses farces, et son *Malade imaginaire* et son *Médecin malgré lui* ne sont que des apologies de la nature.

Ferdinand Brunetière,
Études critiques (1898).

XXᵉ SIÈCLE

A part Pierre Brisson, qui n'aime guère « cette guignolade », le XXᵉ siècle cherche à travers l'homme, l'acteur, l'auteur à retrouver les raisons d'une création qui n'est pas inférieure aux autres et que le succès a consacrée.

Voltaire plaint Molière d'avoir été obligé d'écrire le *Médecin malgré lui*. Mais non, Voltaire, il ne faut pas plaindre Molière quand il écrit ces petites pièces; cela ne lui coûte aucun effort, aucune peine, mais le détend, le délasse [...]. On sent qu'il s'amuse lui-même beaucoup en les écrivant, et il entend d'avance les rires du parterre. Molière vient d'être très malade; il est guéri; il éprouve le besoin de se divertir aux dépens des médecins. *Le Médecin malgré lui*, après le *Misanthrope*, c'est dans son œuvre un accès de gaieté comme il en avait dans la vie [...].

Ne le plaignez pas, Voltaire. Réjouissons-nous, au contraire, que son génie comique ait pu lui procurer de telles distractions. Nous ferait-il rire encore avec des moyens aussi simples, s'il n'avait pas ri lui-même en écrivant ces petites pièces ? Et nous n'avons pas à nous demander si Sganarelle est un personnage comique. Il n'y a pas de doute là-dessus; il faut que les commentateurs en prennent leur parti.

Maurice Donnay,
Molière (1911).

Du haut du *Misanthrope* Molière pique une tête dans la facilité [...]. Il ne s'agit pas, comme on l'a souvent prétendu, de soutenir par une farce les recettes d'une œuvre compromise [...]. En écrivant le *Médecin malgré lui* Molière revient au tout-venant de la profession. Il accomplit un acte de soumission. La résistance ou plutôt le malaise du public devant le *Misanthrope* n'ont pas pu, au fond, le surprendre beaucoup [...].

Une seule voie demeure vraiment libre et sans périls : celle de la bouffonnerie. *Le Médecin malgré lui* n'est pas un sursaut d'amertume et de mépris, comme le sera *Pourceaugnac*, c'est une descente momentanée d'ambition; une halte à la ferme au milieu d'un parcours essoufflant, la grande lampée de lait cru, la sieste sur l'herbe grasse à l'ombre du pommier. On ne sent aucune contrainte dans cette guignolade, rien même qui marque la condescendance. Reprise de contact avec le sol nourricier, fuite des complications, voilà ce qui soulage Molière.

Pierre Brisson,
Molière (1942).

Si la farce moliéresque a fini par faire oublier la plupart des autres, c'est qu'avec sa gaieté débordante elle reste humaine. Elle manque assurément du grain de folie, de la fantaisie débridée, qui sont la marque de la farce anglaise. Mais elle garde pour elle ce caractère unique de caricature à peine outrée, qui dessine les contorsions de la marionnette humaine. C'est par des nuances presque insensibles que Molière nous fait passer du burlesque des gestes et du langage aux formes supérieures de la comédie.

Jean Boudout,
Histoire de la littérature française,
dirigée par Bédier-Hazard-Martino (1948).

[Sganarelle] est né, il habite en ces provinces heureuses où le vin est la boisson du plus pauvre, où quelques heures de travail chaque jour assurent une existence sans confort, mais supportable, où fleurit chez les plus ignorants une sorte d'éloquence verveuse et colorée. Molière, au cours de ses pérégrinations dans le Midi, a connu ce coq de village, ce beau parleur, plante naturelle de notre sol. Il en fait le portrait avec une joie, avec un amusement que l'on devine. Il y reviendra bientôt, lorsqu'il écrira *Amphitryon.* Mais Sosie ne surpassera pas, peut-être qu'il n'égalera pas Sganarelle.

Il y avait là, dans le développement de l'œuvre de Molière, quelque chose de neuf et d'important. L'ancien Sganarelle est bien mort. On ne verra plus les pantins amusants des premières comédies. Molière rejette au loin les marionnettes qui lui ont servi jusqu'ici, et pour ses farces il en prend de nouvelles. Il les cherche dans l'expérience de ses voyages en province. Les Sotenville, les Pourceaugnac, les comtesse d'Escarbagnas lui serviront désormais de jouets. Sganarelle est la première des nouvelles marionnettes.

Antoine Adam,
Histoire de la littérature française au XVIIe siècle,
tome III (1952).

Dans cette importante production, on peut discerner deux tendances, dont *le Médecin malgré lui* et *les Fourberies* fournissent les meilleurs exemples. Ce sont deux pièces en trois actes, en prose, mais différant aussi bien par la technique que par le sujet.

La première repose sur un thème banal, qui se transmet des fabliaux et des contes médiévaux à la farce française. Elle a pour objet principal la production du rire. Elle est toute agencée pour des effets de gaieté. C'est le grand triomphe du Molière comique. Tous les procédés y trouvent place : les gestes, les mots, la satire, l'observation, tout concourt au résultat cherché. Les coups de bâton

tombent comme grêle sur Martine, Robert, Sganarelle et Géronte;
les coups de poing que Lucas destine à Jacqueline atteignent le vieillard; Sganarelle caresse sa bouteille comme une amie; il se méprend
sur les saluts qu'on lui adresse; il flatte Jacqueline à la barbe de
son mari et finit par l'embrasser; etc. Le comique de mots n'y est
pas moins fréquent que le comique de gestes : le calembour, le coq-
à-l'âne, les proverbes inattendus, les familiarités saugrenues y
émaillent les rôles des paysans. La gauloiserie est poussée jusqu'à
l'indécence. La parodie des mœurs et du langage des médecins
tient une place considérable. De nombreuses scènes accusent les
ridicules de la vie conjugale. C'est un chef-d'œuvre, et qui fut accueilli
comme tel. La farce y prend de l'ampleur. Le poète prouve qu'il a
pleine conscience de la fonction comique du genre.

René Bray,
Molière homme de théâtre (1954).

Quand, dans *le Médecin malgré lui*, il retourne à la farce, qui est
son élément naturel, Sganarelle a perdu le masque de sa frêle pré-
somption. Revenu de tout, il n'est plus que le joyeux drille, cynique
et brutal, ivrogne, paillard et fort en gueule, pour qui le monde
est un jouet et l'existence une comédie. Sympathique et grossier,
plus rien en lui ne nous touche. Il est maître du rire, mais il ne donne
pas d'ailes à la comédie comme Scapin. Molière semble l'avoir
si bien satisfait qu'ils ne se doivent plus rien l'un à l'autre...

Alfred Simon,
Molière par lui-même (1960).

Avec *le Médecin malgré lui*, le type de Sganarelle achève une évolution déjà amorcée dans *Dom Juan* et se sépare totalement du Sganarelle de *l'École des maris*. C'est maintenant un paysan, qui garde
de ses origines un bon sens terre à terre et l'habitude de plier devant
plus fort que soi. Il est plein d'esprit, avec le goût des discours, des
citations impressionnantes, une éloquence naturelle et une assurance remarquable. Au reste, peu moral — ivrogne, cupide, paillard — mais une franchise, une sorte de cynisme gai qui en font le
premier type populaire français de notre théâtre comique depuis la
grande invasion italienne. De ce fait, et malgré les éléments tradi-
tionnels dus à la rapidité de sa composition, *le Médecin malgré lui*
mérite bien sa célébrité. C'est une des pièces les plus simplement
drôles de l'œuvre de Molière.

Pierre Voltz,
la Comédie (1964).

L'opinion d'un acteur :

J'ai eu le bonheur de jouer plus de 200 fois Sganarelle du *Médecin malgré lui*, et je l'ai toujours fait avec une joie et une satisfaction d'acteur infinies. En effet, je ne connais pas de rôle plus simple à comprendre, sans complexe, avec une humanité rabelaisienne.

Sganarelle est un homme qui aime vivre, même aux dépens des autres : femme et enfants.

Il doit être sympathique, follement sympathique en dépit de sentiments discutables et loin d'une morale logique.

C'est le rôle d'un homme qui aime le vin, les femmes et d'un égoïsme qui ne doit jamais être déplaisant. Je ne crois pas qu'il faille que les spectateurs y réfléchissent trop, sans quoi le personnage deviendrait vite insoutenable; c'est pourquoi on doit, pour l'interpréter, faire appel à un acteur plus qu'à un comédien. Penser au personnage (qui existe) et ne jamais oublier le titre qui conditionne la situation, être « médecin malgré lui », contraint, mais gai, jovial, truculent, sensuel.

Robert Manuel,
Extrait d'une lettre inédite (22 mars 1964).

SUJETS DE DEVOIRS ET D'EXPOSÉS

NARRATIONS

● Dialogue aux Enfers entre Sganarelle du *Médecin malgré lui* et Figaro du *Barbier de Séville*.

● Rencontre de nos jours du Knock de Jules Romains et du Sganarelle de Molière. Ils parlent de la pratique de leur profession.

Lettres :

● Un ami de Sganarelle écrit à Martine pour lui reprocher la vengeance qu'elle a imaginée contre son mari. Vous composerez la réponse de Martine.

● Géronte, auquel on vient de présenter Sganarelle, écrit à un parent pour lui annoncer la maladie subite de sa fille et la découverte qu'il vient de faire d'un médecin merveilleux.

● Après la guérison miraculeuse de Lucinde, Sganarelle s'adresse à son propre médecin pour lui raconter comment il a été amené lui-même à exercer contre son gré la médecine et lui fait part des réflexions que lui suggèrent ses premières expériences.

● Lucinde remercie Sganarelle de lui avoir rendu le bonheur.

DISSERTATIONS ET EXPOSÉS

● *Le Médecin malgré lui* n'est-il, comme l'a écrit Voltaire, qu'une farce très gaie et très bouffonne, dont le peuple avait besoin pour se délasser de la représentation du *Misanthrope?*

● Vous essaierez de découvrir ce que *le Médecin malgré lui* doit au *Médecin volant* et ce qu'il lui ajoute.

● Certains contemporains de Molière ont été choqués de la satire médicale violente du *Médecin malgré lui*. Y voyez-vous personnellement des intentions aussi noires qu'on l'a prétendu?

● Vous comparerez le Sganarelle du *Médecin malgré lui* à celui de *l'Amour médecin*.

● Géronte vous fait-il seulement rire?

● *Le Médecin malgré lui* et *le Malade imaginaire* semblent être de la même verve et pourtant ces deux pièces diffèrent sensiblement. Montrez-le.

● « Sganarelle (du *Médecin malgré lui*) et Alceste (du *Misanthrope*), voilà tout Molière. » Comment comprenez-vous ce jugement de Sainte-Beuve ? L'adopteriez-vous entièrement ?

● Un critique contemporain a reproché à Molière, dans le *Médecin malgré lui*, une « fausse paysannerie (qui) encombre la farce médicale de Sganarelle et marque ses parties les plus pesantes ». Que pensez-vous de ce jugement ?

● « La comédie de Molière est trop imbibée de satire pour me donner la sensation du rire gai. » Comment expliqueriez-vous en l'appliquant au *Médecin malgré lui* cette opinion de Stendhal ?

● Comment, à partir du *Médecin malgré lui*, pourriez-vous expliquer cette opinion de Jean-Paul Sartre sur les comédies du XVIIᵉ siècle : « [...] Les comédies s'inspirent de la psychologie antique et du grand bon sens de la haute bourgeoisie. La société s'y mire avec ravissement parce qu'elle reconnaît les pensées qu'elle forme sur elle-même ; elle ne demande pas qu'on lui révèle ce qu'elle est, mais qu'on lui reflète ce qu'elle croit être. Sans doute permet-on quelques satires, mais, à travers les pamphlets et les comédies, c'est l'élite tout entière qui opère, au nom de sa morale, les nettoyages et les purges nécessaires à sa santé... » ?

● Le *Médecin malgré lui* est de toutes les pièces de Molière celle qui a été le plus souvent représentée. Quelles raisons pouvez-vous donner de ce succès continu ?

● Le *Médecin malgré lui* : « une œuvre d'un comique achevé ». Comment justifiez-vous cette opinion d'Emile Fabre ?

● Vous disposez de cinq minutes pour expliquer avant sa représentation le *Médecin malgré lui* à un public populaire. Composez cette présentation.

● Comment imagineriez-vous, si vous en étiez chargé, la mise en scène du *Médecin malgré lui* ?

TABLE DES MATIÈRES

IMPRIMERIE HÉRISSEY. — ÉVREUX - 27000.
Octobre 1971. — Dépôt légal 1971-4ᵉ. — Nᵒ 19430. — Nᵒ de série Éditeur 7948.
IMPRIMÉ EN FRANCE (Printed in France). — 34 664 V-3-77.

les dictionnaires Larousse

sont constamment tenus à jour :

NOUVEAU PETIT LAROUSSE

Le seul dictionnaire encyclopédique mis à jour tous les ans, aussi bien dans la partie « vocabulaire » que dans la partie « lettres, arts, sciences ». L'auxiliaire indispensable de l'écolier, du lycéen et de l'étudiant, dans toutes les disciplines.
1 896 pages (15 × 21 cm), 5 535 illustrations et 215 cartes en noir, 56 pages en couleurs dont 26 hors-texte cartographiques, atlas.
Existe également en édition grand format (18 × 24 cm), mise en pages spéciale, illustré en couleurs à chaque page : **NOUVEAU PETIT LAROUSSE EN COULEURS.**

LAROUSSE CLASSIQUE

Le dictionnaire du baccalauréat, de la 6ᵉ à l'examen : sens moderne et classique des mots, tableaux de révision, cartes historiques, etc.
1 290 pages (14 × 20 cm), 53 tableaux historiques, 153 planches en noir, 48 h.-t. et 64 cartes en noir et en couleurs.

NOUVEAU LAROUSSE UNIVERSEL
en deux volumes

A la fois dictionnaire du langage (mots nouveaux, prononciation, étymologie, niveaux de langue, remarques grammaticales, tableaux de conjugaison,...) et encyclopédie alphabétique complète et à jour. 1 800 pages (23 × 30 cm), 5 000 photographies, dessins et cartes, 198 pages de hors-texte en couleurs.

LAROUSSE 3 VOLUMES EN COULEURS

retenu parmi les « 50 meilleurs livres de l'année ».
Le premier grand dictionnaire encyclopédique illustré en 4 couleurs à chaque page, qui fera date par la nouveauté de sa conception. Reliure verte ou rouge au choix (23 × 30 cm), 3 300 pages, 400 tableaux, 400 cartes.

en dix volumes + un supplément (21 × 27 cm)
GRAND LAROUSSE ENCYCLOPÉDIQUE

Dans l'ordre alphabétique, toute la langue française, toutes les connaissances humaines. 11 264 pages, 450 000 acceptions, 34 524 illustrations et cartes en noir, 346 hors-texte en couleurs.